लें अखिल की

ग़ज़ल-संग्रह

ग़ज़लें अखिल की

अखिलेश निगम 'अखिल'

लोकभारती प्रकाशन

लोकभारती प्रकाशन
पहली मंजिल, दरबारी बिल्डिंग, महात्मा गांधी मार्ग
प्रयागराज-211 001
वेबसाइट: www.lokbhartiprakashan.com
ईमेल : info@lokbhartiprakashan.com

शाखाएँ : 1-बी, नेताजी सुभाष मार्ग, दरियागंज
नई दिल्ली-110 002
अशोक राजपथ, साइंस कॉलेज के सामने
पटना-800 006
36 ए, शेक्सपियर सरणी, कोलकाता-700 017

पहला संस्करण : 2022

ग्राफिक ऑफसेट
प्रयागराज द्वारा मुद्रित

GHAZALE AKHIL KI
by Akhilesh Nigam 'Akhil'

ISBN : 978-93-93603-01-2

मूल्य: ₹ 450

शुभाशंसा

श्री अखिलेश निगम 'अखिल' वरिष्ठ प्रशासनिक अधिकारी हैं, किन्तु अपनी असामान्य व्यस्तता के बावजूद हिन्दी साहित्य के पठन-पाठन और सृजन में गहरी रुचि रखते हैं। यह जहाँ दूसरों के लिए प्रेरणाप्रद है, वहीं सुखद आश्चर्य का विषय भी हैं। उन्होंने हिन्दी काव्य की बहुविधि सेवा की है, जिससे अधिकाधिक काव्यानुरागी अवगत होंगे। इस समय मेरे समक्ष उनका सद्यः प्रकाश्य ग़ज़ल संकलन है, जिसका शीर्षक दिया गया है—'ग़ज़लें अखिल की'। इसमें कुल एक सौ एक ग़ज़लें समाहित हैं। इन ग़ज़लों में भाव एवं शिल्पगत यथेष्ट वैविध्य दिखाई देता है। किसी में अध्यात्म चिन्तन है, कहीं प्रखर युगबोध। आज की गुरबत को लेकर लिखी गई ग़ज़ल की यह पंक्ति मन को छू लेती है—

'जाने क्या-क्या गुल खिलाती आज देखो रोटियाँ'

इसी तरह समाज के सम्पन्न वर्ग के चोंचलों को व्यक्त करती हुई उनकी यह उक्ति बड़ी मर्मबेधक है—

'देखो पैसा बोल रहा है'
और जहर को घोल रहा है।

अखिल जी एक ओर यथार्थ उद्घाटित करते हैं, दूसरी ओर आदर्शपरक प्रबोध भी देते हैं जैसे—

'भारत माता रोती है लेकिन जनता सोती है'
'दीन-दुखियों के जरा आँसू तो पीकर देखिए
फूल खुशियों के चमन में आपके खिल जाएँगे'

वर्तमान समाज में जो नए-नए फैशन प्रचलित हैं, जो कृत्रिम हाइब्रिड फूल खिलाए जा रहे हैं, समाज का बहुत बड़ा वर्ग जिस नशे से पीड़ित है, यहाँ साम्प्रदायिकता और जातीयता का जो जहर फैला है, सत्ता की जो दलाली हो रही है उन सब पर व्यवस्था से जुड़े होने के बावजूद अखिल जी ने साहसपूर्ण प्रहार किया है। उनकी कई ग़ज़लें दिशादर्शक प्रतीत होती हैं। उनमें पर्यावरण प्रदूषण की चिन्ता है। भ्रूण हत्या की स्थिति से वे दुःखी हैं। तात्पर्य यह है कि इन ग़ज़लों

में जितनी वैचारिकता है उतनी ही संवेदना है।

ग़ज़ल का प्राकृत स्वभाव इश्क मिजाजी का होता है। अखिल जी की ग़ज़लों में भी प्रणय की वह गहरी अनुभूति दिखाई देती है। कहीं आलम्बन के प्रति शिकायत, कहीं साहचर्य की कामना, जैसे—

उसकी आँखों का समन्दर इस क़दर गहरा हुआ,
जब से उतरा उस जलधि में, डूबता-तिरता रहा।

जब नज़र से निगाह मिलती है
आग सीने में थी सुलगती है

आ गए हो पास लेकिन दूर कितना तुम हुए,
छा गए साँसों में पर मग़रूर कितना तुम हुए।

इनकी कुछ उक्तियाँ गूढ़ार्थपूर्ण और बिम्वधर्मिता से ओत-प्रोत है। यथा—

'पतझड़ों की शाम ओढ़े, तुम सदा चलते रहे'

निष्कर्ष यह है कि सहज सरल काव्य भाषा और सहज संवेदना से युक्त ये ग़ज़लें गेय भी हैं, सुपाठ्य भी हैं।

अस्तुः सर्वथा सफल हैं।

मैं इस कृति का स्वागत करता हूँ और अखिल जी को साधुवाद देता हूँ।

—डॉ. सूर्यप्रसाद दीक्षित
सभापति
हिन्दी साहित्य सम्मेलन, प्रयाग
12, सम्मेलन मार्ग, प्रयागराज-3

भूमिका

श्री अखिलेश निगम 'अखिल' जी एक जाने-माने युवा कवि, ग़ज़लकार, कहानीकार एवं लेखक हैं। पुलिस उप-महानिरीक्षक के पद पर कार्यरत रहते हुए वह अपने कर्तव्यों एवं उत्तरदायित्व का निष्ठापूर्वक निर्वहन करने के साथ-साथ साहित्य-सृजन में भी संलग्न रहते हैं। उनके छन्द, गीत-ग़ज़लें एवं कहानियाँ आदि राष्ट्रीय स्तर के पत्र-पत्रिकाओं में समय-समय पर प्रकाशित होती रहती हैं। उनकी पाँच कृतियाँ भी प्रकाशित होकर चर्चित हो चुकी हैं। वह एक लब्धप्रतिष्ठ ग़ज़लकार भी हैं जिसका प्रमाण उनका यह प्रस्तुत ग़ज़ल-संग्रह है। मुझे 'अखिल' जी के ग़ज़ल-संग्रह की पांडुलिपि को पढ़ने और उसका अवलोकन करने का सुअवसर प्राप्त हुआ, जिसे मैं आद्योपान्त पढ़कर आह्लादित एवं अभिभूत हुआ।

यहाँ संक्षेप में ग़ज़ल विधा पर प्रकाश डालना समीचीन प्रतीत होता है। ग़ज़ल को शाइरी की आबरू कहा गया है। अरबी, फ़ारसी और उर्दू में ग़ज़ल का स्थान सर्वोपरि रहा है और अब हिन्दी में भी ग़ज़ल अत्यन्त लोकप्रिय विधा के रूप में उभरकर सामने आई है। वस्तुतः हिन्दी में ग़ज़ल का प्रचलन बहुत पुराना है। बहरे-हज़ज मुसम्मन सालिम में कही गई कबीरदास की उस प्रख्यात ग़ज़ल को भला कौन साहित्यकार भूल सकता है, जिसका मत्ला है :

हमन है इश्क मस्ताना हमन को होशियारी क्या,
रहे आजाद या जग में हमन दुनिया से यारी क्या।

अनेक छायावादी कवि भी ग़ज़ल से प्रभावित हुए बिना न रह सके, परन्तु हिन्दी में ग़ज़ल को प्रचलित करने एवं लोकप्रिय बनाने का श्रेय वास्तव में दुष्यन्त कुमार (1933-1975 ई.) तथा बाद के अनेक कवियों को जाता है। उनकी ग़ज़लों में परम्परागत ग़ज़ल का अन्दाज़ देखा जा सकता है तथा उनकी भाषा भी आम बोलचाल की हिन्दुस्तानी है।

ग़ज़ल की उत्पत्ति क़सीदे से हुई है। ग़ज़ल का शाब्दिक अर्थ है : सुन्दरियों एवं प्रेमिकाओं से वार्ता करना तथा उनके रूप एवं हावभाव का बखान करना। अतएव, ग़ज़ल के लहजे में प्रायः एक प्रकार का 'पुरुषार्थ झलकता है। प्रारम्भ में

ग़ज़ल में इश्क़-हुस्न, साक़ी-शराब, गुल-बुलबुल, शम्अ-परवाना, गिले-शिकवे जैसे विषयों का ही मार्मिक वर्णन किया जाता था। ग़ज़ल में यह तमाम शब्द प्रायः अपने वास्तविक अर्थों में ही प्रयुक्त नहीं किए जाते थे, अपितु इनका प्रयोग प्रतीकों अथवा विशिष्ट अर्थों में भी किया जाता रहा है। श्रृंगार रस ग़ज़ल या शाइरी का प्रमुख रस रहा है और श्रृंगार रस के अश्आर में बहुधा वियोग पक्ष ही अधिक परिलक्षित होता है। कालान्तर में ग़ज़ल के भावात्मक रूप में परिवर्तन आना आरम्भ हुआ और इसमें अन्यान्य विषयों को भी सम्मिलित किया जाने लगा। वर्तमान काल में तो शायद ही कोई विषय ग़ज़ल से अछूता बचा हो। आज ग़ज़ल अपने नए रंग-रूप में निखरकर सामने आई है। ग़ज़ल में मत्ला, मक़्ता, क़ाफ़िया और रदीफ़ का विशेष ध्यान रखना पड़ता है। ग़ज़ल में एक से अधिक मत्ले भी हो सकते हैं। मत्ले का ग़ज़ल में बड़ा महत्त्व है। मत्ला ही यह कहता है कि ग़ज़ल की बहर और आगे के रदीफ़-क़ाफ़िए क्या होंगे। ग़ज़ल में न्यूनतम पाँच अश्आर होना भी अनिवार्य है। शेर के दोनों मिसरों का परस्पर सम्बन्ध होना भी आवश्यक है। प्रत्येक शेर स्वयं में पूर्ण हुआ करता है। ग़ज़ल की एक विशेषता उसकी गेयता में भी निहित है। आजकल के कोलाहलमय संगीत एवं रीमिक्स के ज़माने में भी ग़ज़ल वस्तुतः गायिकी की बदौलत अपनी लोकप्रियता एवं अपना विशिष्ट स्थान बनाए हुए है।

ग़ज़ल अपने विशिष्ट लहजे एवं शैली के फलस्वरूप शाइरी की अन्य तमाम विधाओं (गीत, नज़्म, छन्द) से सर्वथा भिन्न है। पारम्परिक ग़ज़ल केवल इसके हेतु निर्धारित की गई बहरों में ही कही जाती है। ग़ज़ल का अपना एक मिज़ाज है, अपनी एक पृथक पहचान है। इसीलिए ग़ज़ल की विधा में विरचित हास्य-व्यंग्यात्मक रचना भी ग़ज़ल नहीं वरन हज़ल कहलाती है। ग़ज़ल में न्यूनतम शब्दों एवं विशिष्ट अन्दाज़ में भावों की अभिव्यक्ति की जाती है। फ़ालतू अथवा भरती के शब्दों का ग़ज़ल में कोई स्थान नहीं है। स्तरीय ग़ज़ल की भाषा शैली यथा सम्भव प्रतीकात्मक एवं संकेतात्मक होनी चाहिए। लक्षणा-व्यंजना का सफल प्रयोग ग़ज़ल को श्रेष्ठता प्रदान करता है। कोमल-कान्त-पदावली का प्रयोग उसमें माधुर्य घोल देता है जिससे रसात्मकता में अभिवृद्धि हो जाती है। अलंकारों के सहज प्रयोग से अश्आर में निखार आ जाता है। प्रवाह एवं लयात्मकता आद्योपान्त विद्यमान रहना चाहिए।

वर्तमान समय में स्तरीय एवं निर्दोष ग़ज़लें कहनेवाले ग़ज़लकारों की संख्या वास्तव में अत्यल्प है। अरूज़ और ग़ज़ल विधा के नियमों से अनभिज्ञ कवि हिन्दी में ग़ज़ल के नाम से जो रचनाएँ रचकर प्रस्तुत कर रहे हैं, उनमें से

अधिकांश निर्दोष ग़ज़ल की श्रेणी में नहीं रखी जा सकती हैं। कुछ कवि ग़ज़ल को 'हिन्दी ग़ज़ल' और 'उर्दू ग़ज़ल' की संज्ञाएँ देकर उसे दो भागों में विभाजित करने का भी प्रयास कर रहे हैं, जो सर्वथा अनुचित है। निर्दोष एवं स्तरीय ग़ज़ल कहना वस्तुतः एक दुष्कर कार्य है। एक अच्छे सुख़नवर के लिए यह आवश्यक है कि उसे अरूज़ का सम्यक ज्ञान हो, उसका स्वभाव काव्यात्मक हो तथा काव्य की साधना में रत रहने का वह अभ्यस्त भी हो।

उर्दू-फ़ारसी शाइरी के निमित्त कुल उन्नीस मूल सालिम बहरें निर्धारित की गई हैं, किन्तु अरूज़दानों एवं शोधकर्ताओं के द्वारा इन बहरों में विभिन्न ज़िहाफ़ का प्रयोग करके अर्थात इन बहरों के अर्कान के अक्षरों की संख्या को न्यूनाधिक करके अथवा उनकी गति में परिवर्तन करके बड़ी संख्या में औज़ान बना लिए गए हैं। उल्लेखनीय है कि उर्दू के शाइर उक्त उन्नीस मूल बहरों में से मात्र बारह बहरों तथा उनसे बनाए गए अन्य औज़ान में ही शाइरी करते हैं। यही नहीं अपितु शाइरों की प्रायः अपनी कुछ पसन्दीदा बहरें हुआ करती है, जिनमें वे ग़ज़ल आदि कहते हैं। आजकल तो ग़ज़ल विधा में नए-नए प्रयोग भी किए जा रहे हैं। पारम्परिक ग़ज़ल के साथ-साथ ही अनेक प्रयोगवादी शाइर दोहा-ग़ज़ल मुअर्रा ग़ज़ल, आज़ाद ग़ज़ल आदि भी कह रहे हैं। मैंने बरवै-ग़ज़ल तथा सोरठा-ग़ज़ल भी कही है। 'अखिल' जी ने ग़ज़ल के मिज़ाज़ और उसकी बारीकियों को भलीभाँति समझा है। उनकी ग़ज़लें अरूज़ की कसौटी पर खरी उतरती हैं। उन्होंने प्रायः अपनी मन पसन्द कुछ सुरीली बहरों यथा, बहरे रमल एवं बहरे मुतक़ारिब का ही प्रयोग किया है। गेयता एवं लयात्मकता अद्योपान्त विद्यमान है। बहर, मत्ले, मक़्ते और रदीफ़-क़ाफ़िए की ओर पूरा ध्यान दिया गया है। भाषा सरस, सरल सुबोध, प्रवाहयुक्त एवं भावानुकूल है, जिसमें उर्दू के शब्दों का भरपूर प्रयोग किया गया है। इन ग़ज़लों में प्रायः माधुर्य, ओज एवं प्रसाद गुणों की त्रिवेणी प्रवाहित होती हुई दृष्टिगोचर होती है। भाव-पक्ष एवं कला-पक्ष के सुन्दर सामंजस्य के फलस्वरूप कृति की ग़ज़लें हृदयस्पर्शी बन पड़ी हैं। इन ग़ज़लों को गुनगुनाकर मन प्रसन्न हो जाता है। अनेक ग़ज़लों में जन कल्याण का भाव निहित है। ग़ज़लों की विषय वस्तु वैविध्यपूर्ण है। उदाहरण स्वरूप कुछ ग़ज़लों के चयनित अश्आर की विवेचना करने का यहाँ प्रयास किया जा रहा है।

एक शेर के माध्यम से कवि ने साहस के महत्त्व को इस प्रकार उजागर किया है :

साहसी बन ज़िन्दगी को ऐ 'अखिल'! जीना सदा,
कामयाबी एक दिन ख़ुद पास तेरे आएगी।

माँ-बाप अपने बच्चों को पाल-पोस कर बड़ा करते हैं, उन्हें प्राणों से बढ़कर प्यार करते हैं, किन्तु वही बच्चे बड़े होकर माँ-बाप से अलग हो जाते हैं और उन्हें असहाय छोड़ देते हैं। शाइर विचलित होकर कह उठता है :

बाप को घर से निकाला, माँ है खाती ठोकरें,
बेसुरा क्यों हो गया यूँ प्यार का अब साज़ है।

मन्दिर, मस्जिद और धर्म के लिए होनेवाले झगड़ों को निराधार बताते हुए शाइर कहता है:

मन्दिर औ मस्जिद हैं दोनों इक ख़ुदा ही के मकाँ,
आह! फिर क्यों धर्म हित लड़ता रहा है आदमी।

'अखिल' जी ने यत्र-तत्र प्रतीकात्मक एवं लाक्षणिक भाषा का भी सुन्दर प्रयोग किया है। एक उदाहरण द्रष्टव्य है:

शान्ति का सन्देश उल्लू दे रहे अब,
बाज़ भी खगदल को समझाने लगे हैं।

आज निःस्वार्थ प्रेम का अकाल है और स्वार्थ का बाज़ार गर्म है। इसी मज़मून को शाइर ने मक़्ते में यूँ बाँधा है :

अब कहाँ बेलौस उल्फ़त है 'अखिल',
हर जगह बस स्वार्थ का व्यवहार है।

वर्तमान दौर में लोग धन-दौलत के लिए पागल हो रहे हैं। इसी तथ्य को शाइर ने इस प्रकार उजागर किया है:

उसके पीछे सब हैं पागल,
धन का ही अब मोल रहा है।

साम्प्रदायिक सद्भावना, भाईचारे एवं शान्ति का कल्याणकारी सन्देश शाइर एक नए अन्दाज़ में देता है :

सजाएँ ईद ख़ुशियों की, मनाएँ प्यार से होली,
अज़ाँ हिन्दू पढ़ें, मुस्लिम लगाएँ माथ पर रोली।

जीवन में सुख-दुःख आसपास ही रहते हैं, कभी सुख मिलता है तो कभी दुःख। कभी सफलता हाथ लगती है तो कभी असफलता और निराशा। अतः दुःख में हमें धीरज नहीं खोना चाहिए। इसे शाइर 'अखिल' जी ने अपने शेर में प्रतीकात्मक शैली में कुछ इस प्रकार कहा है:

राह में काँटे कभी तो फूल भी मिल जाएँगे,
ज़िन्दगी में यह सदा विश्वास होना चाहिए।

गर्भ में हो रही कन्याओं की हत्या के विषय में सोचकर शाइर दुःखी हो जाता है और कह उठता है:

भ्रूण-हत्या सिलसिला भी चल पड़ा इस दौर में,
गर्भ में ही ज़िन्दगी अब माँगती हैं लड़कियाँ।

आज के आपाधापी के दौर में ज़िन्दगी बेमज़ा हो गई है, चहुँदिशि दिखावा-ही-दिखावा है। अतः शाइर कह देता है:

फूल खिलते हैं चमन में किन्तु ख़ुशबू है नहीं,
काग़ज़ी हैं वे अधिकतर, आज के इस दौर में।

शाइर अखिलेश निगम साहित्य सर्जना के साथ-साथ अनेक सामाजिक कार्य भी कर रहे हैं, जिसमें उनका समाज के कल्याण हेतु नशा विरोधी आन्दोलन प्रमुख है इस हेतु उन्होंने अनेक पत्रिकाओं का नशा मुक्ति विशेषांक के रूप में अतिथि सम्पादन भी किया है। 'अखिल' जी अपनी एक ग़ज़ल के दो शेर के माध्यम से इसकी भयानकता एवं इस बुराई को जड़ से उखड़वाने के प्रति संकल्प को प्रदर्शित किया है :

है भयानक किस्म का यह जानवर,
खेत सारे सुख के चरता है नशा
आओ, मिलकर इसकी हस्ती दे मिटा,
ठान लें मन में तो मरता है नशा

आज महँगाई ने हाहाकार मचा रखा है! लोग दाल-रोटी को तरस रहे हैं। शाइर दुःखी मन से कह उठता है :

ख़ूब महँगाई बढ़ी सुरसा सरीखी इस तरह,
आदमी को हैं रुलाती, आज देखो रोटियाँ।

इस कलयुगी दौर में भाई-भाई में भी दुश्मनी इतनी बढ़ गई है कि वे अब एक-दूसरे को मारने पर आमादा हैं :

गाँव में हत्या एक हुई फिर,
हत्यारा ख़ुद उसका भाई।

एक शेर में शाइर कहता है कि ज़िन्दगी में रोने-धोने से कुछ हासिल नहीं होता, अतः हमें हँसते-हँसाते रहना चाहिए :

रोते-रोते यह सफ़र हरगिज़ नहीं कट पाएगा,
जब कभी मौक़ा मिले, हँसना-हँसाना चाहिए।

हम सब जानते हैं कि ईश्वर एक है, बस उसके नाम अनेक हैं। शाइर एक श्रेष्ठ शेर के माध्यम से सर्वधर्म समभाव का सत शिव सुन्दर सन्देश देता है :

इस समूचे विश्व को मेरा यही पैग़ाम है,
ईश ही जीसस, ख़ुदा , रब, गॉड, नानक, राम है।

आज के नेता सत्ता पाकर प्राय: मदहोश से हो जाते हैं और अपनी ज़िम्मेदारी भूल जाते हैं। इसे निम्नांकित शेर में बड़ी ख़ूबी से उजागर किया गया है :

झूम रहे वे सत्ता पाकर,
भूल गए सब ज़िम्मेदारी।

पश्चिमी हवा ने फ़ैशन को भी प्रदूषित कर डाला है। इस सम्बन्ध में यह शेर कितना सटीक है :

फ़ैशन ने यह क्या कर डाला?
नग्न फिरे अब देश की बाला।

आज पंच-तत्त्वों में प्रदूषण व्याप्त है, जो समूचे प्राणी जगत के लिए घातक सिद्ध हो सकता है। शाइर इस हेतु आगाह करता है :

आज दूषित है हवा, दरिया, जमीं और आसमाँ,
हो रहे हैं साफ़ जंगल, गुम हुई परछाइयाँ।

इसी प्रकार के ढेर सारे अश्आर इस ग़ज़ल-संग्रह में सर्वत्र देखे जा सकते हैं।

प्रस्तुत ग़ज़ल-संग्रह ने 'अखिल' जी को एक श्रेष्ठ ग़ज़लकार के रूप में शाइरी की दुनिया में प्रतिष्ठित कर दिया है। मेरा दृढ़ विश्वास है कि इसका साहित्य-जगत में यत्र-तत्र सर्वत्र स्वागत-सत्कार एवं समादर होगा। ऐसी मनहर, स्तरीय, निर्दोष एवं उपयोगी ग़ज़ल-कृति की प्रस्तुति के निमित्त ग़ज़लकार श्री अखिलेश निगम 'अखिल' जी को मेरी ओर से शतशः बधाई एवं बहुशः साधुवाद।

डॉ. मिर्ज़ा हसन नासिर
जी-02, लोरपुर रेज़ीडेन्सी,
डॉ. बैजनाथ रोड, न्यू हैदराबाद,
लखनऊ-226007।

‘ग़ज़लें अखिल की’ सरसब्ज़ दिल की

रामदेव लाल ‘विभोर’

डॉ. अखिलेश निगम ‘अखिल’ विरचित ग़ज़ल-संग्रह ‘ग़ज़लें अखिल की’ में समाहित 101 ग़ज़लों की कलात्मकता व भावात्मकता का रसास्वादन करने का शुभ अवसर मिला। हिन्दी भाषी ये ग़ज़लें ग़ज़ल की आरम्भिक विशिष्टताओं से लेकर अद्यतन विसंगतियों तक अपनी गतिमान झाँकी दिग्दर्शित करती हैं। इस ग़ज़ल-कृति में सर्वप्रथम माँ वाणी की मधुर वन्दना की गई है। तत्पश्चात ग़ज़लों में सूफियाना अन्दाज़, प्रेम-सौन्दर्य, युगबोध, सम्वेदना, सामाजिक सरोकार, विसंगति, दुर्गति आदि को विषय बनाया गया है। कृति की ग़ज़लें वह सब कह रही हैं जो ज़माने को दुरुस्त करने के लिए कहा जाना चाहिए। बेबसी से घिरी ज़िन्दगी, रिश्तों में दूरियाँ, विस्मृति, लाचारी, धोखा-धड़ी, स्वार्थपरस्ता, वादा-खिलाफी, ईर्ष्या-द्वेष, मतभेद, दिशा-हीनता स्वप्निल संसार, अन्धकार, घुटन, चुभन, मँहगाई की मार, नशाखोरी, दिल की तपिश, भुखमरी, हृदय की हूक, विरह-वेदना, प्रदूषित पर्यावरण, प्रकृति का कोप, भय, आतंक, जुर्म, कसाईपन, आदमी की नृशंसता, अत्याचार, खूनी बवंडर, हादसों का शोर, दलाली, चालबाजी, रिश्वतखोरी, रहजनी, हकमारी, फैशनपरस्ती, भ्रूण-हत्या, मज़हबी लहूलुहान आदि को ग़ज़लकार ने अपनी ग़ज़लों में पूरे तौर से उकेरा है। ग़ज़लों में आज के अभावों के प्रति आक्रोश के साथ-साथ ग़ज़लकार के सम्यक सदोपदेश भी हैं। यह तो रहा ग़ज़लों का कथ्य-कलेवर किन्तु उनमें कथ्य के तेवर अर्थात अन्दाज़े बयाँ, मिज़ाज़, शोज़ोगुदाज़ व अन्य तमाम ग़ज़लियत के आयाम कृति की ग़ज़लों को नायाब ही नहीं बनाते हैं, उनमें औचित्य की भाव-भंगिमा भी भर देते हैं। प्रमाणस्वरूप—

लेके शीशे का दिल कहाँ जाऊँ,
संगदिल हो गया ज़माना है।
हो रहा खिलवाड़ देखो, धर्म की ही आड़ में,
वे मलाई खा रहे हैं, आदमी की बेबसी।

दोस्त कहाँ अब दोस्त रहे हैं,
यारी अब तो है मक्कारी।

राष्ट्र के नभ में हैं बगुले उड़ रहे क्यों,
नाग के विषदन्त को अब तोड़ना है।

बनकर जैसे सुरसा माई,
आई मुँह फाड़े महँगाई।

खिलीं है आज कुछ कलियाँ मगर माली जो आएगा,
जुदा शाखों से कर देगा, तो फिर कब मुस्कराएँगी?

हो गई सुरसरि प्रदूषित आज है बेकल भगीरथ,
देवता भी अब यहाँ आने से कतराने लगे हैं।

पैर ज़ख्मी हो गए,
पीब छालों में भरा।

हर तरफ बहता लहू है मज़हबों के नाम पर,
प्यार के तारों भरा आकाश होना चाहिए।

रोते-रोते यह सफ़र हर्गिज़ नहीं कट पाएगा,
जब कभी मौका, मिले, हँसना हँसाना चाहिए।

हो रहे हैं धन्धे घिनौने, सब नशे की आड़ में,
माफ़िया अपराधियों का अब खुला ऐलान है।

'अखिल' की ग़ज़लों में जितना समद्ध उसका कथ्य-सरोवर हैं, उतना ही समृद्ध व सम्यक उसका संरचनात्मक धरातल भी है। वस्तुतः संस्कृत छन्दों के लघु-गुरु क्रम से ही विभिन्न प्रकार के छन्द विधान की सृष्टि हुई है। उच्चरित लय की आधारशिला भी निश्चित लघु-गुरु क्रम ही है। उर्दू-फारसी व हिन्दी भाषी ग़ज़लों के मिसरे भी किसी-न-किसी निश्चित लघु-गुरु क्रम को धारण कर बहर या छन्द में बँधे रहते हैं। तात्पर्य यह कि ग़ज़ल की हर शेर एक ही बहर या

निश्चित लघु-गुरु क्रम में रहना आवश्यक है जिससे उक्त बहर की लय-सृष्टि होती है। इस ग़ज़ल कृति की समस्त ग़ज़लों का परीक्षण करने पर विदित हुआ कि हर ग़ज़ल किसी-न-किसी निश्चित लघु-गुरु क्रम में व्यवस्थित है अर्थात उसकी एक निश्चित बहर अथवा छन्दबद्धता है। हर्ष की बात है कि कुशल ग़ज़लकार 'अखिल' ने कई बहरों से लैस यह ग़ज़ल-कृति प्रस्तुत की है। यह एक असाधारण काव्य-कौशल है। ग़ज़ल-कृति के कतिपय अश्आर व उनका बहर-विधान निम्नवत है—

ग़ज़लकार ने पिता के प्यार, माँ की ममता और बेटियों पर बेहतरीन ग़ज़लें लिखी हैं जो अपने आप में लाजवाब हैं, देखें कतिपय शेर—

माफ कर देते पिता हैं मेरी सारी गलतियाँ
वे हमारी हर खुशी हैं और हर त्योहार हैं।

देख लेना ईश को अपने पिता के रूप में,
जान लोगे तब 'अखिल' वे प्यार का संसार हैं।

जो भी माँ के करीब होता है।
वह बड़ा ख़ुशनसीब होता है।

सुख भले हों नसीब दुनिया के,
माँ नही तो ग़रीब होता है।

बेरहम माता पिता जब गर्भ में ही मारते,
है हमारा जुर्म क्या, यह पूछती हैं बेटियाँ।।

गजलकार ने अनेक श्रृंगारिक ग़ज़लें लिखी हैं जो प्यार के परवान को एक नया मोड़ देती है देखें—

'वो तेरा अँगड़ाई लेना और मुझको देखकर,
हाथ शरमाकर गिराना, मुझको अब तक याद है।

बोलती तुम हो बहुत पर प्यार करती क्यों नहीं
झूठे वादे लाख करतीं साथ चलती क्यों नहीं।
दिलों में कैद कर लो बुलबुलों को उड़ वे जाएँगी,
कहीं बिजली गिराएँगी, कहीं पर घर बसाएँगी।

1-बहरे हज़ज
(मफाईलुन, मफाईलुन मफाईलुन मफाईलुन)

कसक है प्यार की दिल में मेरे बाकी 'अखिल' अब तक,
सुना दूँगा जो हाले दिल तो वे आँसू बहाएँगी।

2-बहरे रमल
(फ़ाइलातुन फ़ाइलातुन फ़ाइलातुन फ़ाइलातुन)

मौन होकर ही नयन से वह बहुत कुछ कह रही,
प्रेम के शुभ पत्र लेकर आई घर-घर चाँदनी।

3-बहरे रमल मुसद्दस सालिम
(फ़ाइलातुन फ़ाइलातुन फ़ाइलातुन)

क्यों अँधेरा हर तरफ छाया 'अखिल' है,
अब अमावस वृक्ष की जड़ खोदना है।।

4-बहरे ख़फ़ीफ़
(फ़ाइलातुन मफ़ाइलुन फ़ैलुन/फ़ैलान)

बाग़ में फिर बहार लाना है,
इसको जन्नत निशाँ बनाना है।

5-बहरे रमल
(फ़ाइलातुन फ़ाइलातुन फ़ैलुन/फ़ै़लान)

ज़िन्दगी अब हो गई दुश्वार है।
चल रही आपस में ही तलवार है।

6-बहरे मजीद
(फ़ाइलातुन फ़ाइलुन)

चाँद! तुम आओ ज़रा,
मै अकेला हूँ खड़ा।

7-फे़लुन फेलुन फेलुन फेलुन (चार चतुष्कल)

आगे कुआँ है पीछे खाईं,
फिसले समझो जान गँवाई।

उपर्युक्त के अतिरिक्त सालिम रूकनों में जिहाफ जोड़कर कृति में कई ग़ज़लें समाहित हैं। एक आध अश्आर देखें—

तक सघन है छा रहा हर जगह इधर-उधर
माँ प्रकाश-पुंज बन शास्त्र हस्त लीजिए।

मर रहा फुटपाथ पर भूखा यहाँ कोई,
पर किसी के पैर में शबनम चमेली है।

बाहर ठंड बहुत है लोग रज़ाई में दुबके,
बर्फ़ हमारे दिल की आज पिघलती जाती है।

इस प्रकार से यदि देखा जाए तो यह ग़ज़ल कृति ग़ज़ल सम्बन्धी तमाम विशिष्टताओं से अभिमंडित है। ग़ज़लों में कही प्रेम व सौन्दर्य की सघन अनुभूतियाँ हैं तो कहीं बनते-बिगड़ते नए समाज की क्रूरता आक्रामकता, अवसरवादिता, बाज़ारवाद व ढेर-सारी असंगतियाँ हैं। ग़ज़लों में प्रतिवाद के प्रखर स्वर विद्यमान हैं। जो ग़ज़लें सामाजिक बिडम्बनाओं में डूबी हैं उनमें प्रस्तुत तीक्षता एक विशिष्ट मिज़ाज को प्रकट करती है। ऐसी ग़ज़लों की भाव भूमि निराली ही नहीं प्रभावोत्पादी भी है। ग़ज़लों में भाषा की सादगी के साथ-साथ उनमें अर्थ की गहराई भी है। ग़ज़लकार 'अखिल ने अपनी ग़ज़लों में सहज अभिव्यक्ति पर बल दिया है भले ही उसमें अन्य भाषाई शब्दावली प्रयुक्त हो जाए। अतः ग़ज़लों में बोल-चाल की अलंकृत व मुहावेरदार खड़ी बोली हिन्दी में यत्र-तत्र उर्दू व अंग्रेजी में शब्दों के प्रयोग को स्थान देने में कोई हिचकिचाहट नहीं की गई है प्रमाण स्वरूप दो-चार शेर निहारें—

लक्जरी कारें हैं चलती, हर क़दम हर मोड़ पर,
रोड के फुटपाथ पर, आँखों में देखी बेबसी।

झोंपड़ी पर आज फिर कब्जा हुआ,
माफ़िया की ही बनी सरकार है।

यत्न किए मैंने कितने ही ऋषि बन जाऊँ मैं,
पर हर बार परी बनकर वो सम्मुख आती है।।
रिश्तों में अब जंग लगी है,
आज कहाँ अब नातेदारी?

सुख के लम्हे चन्द दिखते, दुख का सागर बेकराँ
भीड़ में तनहा 'अखिल' हूँ दिल का टूटा साज है।।

अखिल ने अपनी ग़ज़लों में माध्यम से समाज को एक नई दिशा देने की पुरजोर कोशिश की है। सर्व धर्म समभाव, नशा मुक्त समाज की स्थापना, कन्या भ्रूण हत्या का विरोध, पर्यावरण प्रदूषण के विरुद्ध अभियान, मानवता के सन्देश के साथ-साथ उत्साहपूर्वक जीवन जीने की बात उन्होंने अपनी ग़ज़लों में कही है देखें कुछ अशआर—

धर्म के जो नाम पर सबको लड़ाते हैं 'अखिल'
पूछिए जाकर उन्हीं से, धर्म का क्या काम है?

कर रहे वे तो नशा या नशा उनको खा रहा,
घट रही है उम्र देखो, आदमी अनजान है।

ज़िन्दगी के लक्ष्य को नित ध्यान में रखकर 'अखिल'
प्राणियों में प्यार की ख़ुशबू लुटानी चाहिए।

साँस स्वाहा हो रही नित स्वार्थ के इस यज्ञ में,
किस तरह का आचमन अब तक किया है आपने?

साहसी बन ज़िन्दगी को ऐ 'अखिल' जीना सदा,
कामयाबी एक दिन ख़ुद पास तेरे आएगी।

पूरे तौर पर यदि आंकलन किया जाए तो यह ग़ज़ल-कृति भावात्मकता व कलात्मकता दोनों अर्थों में बेहतरीन बन पड़ी है। ग़ज़लकार 'अखिल' की खुशमिजाजी, सरलता व उनका सरसब्ज दिल होना इसका प्रमुख कारण कहा जा सकता है। उनकी परिपक्व सूझ-बूझ व पैने अन्दाज़ ने भी इस दिशा में प्रमुख योगदान दिया है। इस उत्कृष्ट प्रणयन हेतु 'अखिल' जी को हृदय से साधुवाद।

रामदेव लाल 'विभोर'
565-क/141 'गिरजा सदन'
आलमबाग, लखनऊ-226005

अपनी बात

अखिलेश निगम 'अखिल'

वर्तमान परिवेश में चतुर्दिक प्रगति हो रही है। एक ओर जहाँ ज्ञान-विज्ञान, उद्योग, चिकित्सा, तकनीकी कौशल, निर्माण, साज-सज्जा एवं विभिन्न प्रकार के अनुसन्धान हो रहे हैं जिससे व्यक्ति निरन्तर प्रगति पथ पर अग्रसर है और वह भौतिक रूप से समृद्ध हो रहा है, वहीं दूसरी ओर साहित्य, संगीत, कला, रंगमंच, योग एवं अध्यात्म के माध्यम से संवेदनशीलता जागृत करने तथा उसे सामाजिक यथार्थ से परिचित कराने के साथ-साथ नैतिक मूल्यों की स्थापना करने का सार्थक प्रयास चल रहा है जिससे आपसी संकीर्णता, धार्मिक कट्टरता, अनीति एवं अन्याय के विरूद्ध जनजागरण किया जा सके तथा इन्सान को सच्चे अर्थों में इन्सान बनाया जा सके।

मैंने अपनी ग़ज़लों के माध्यम से लुप्त होती हुई मानवीय चेतना को जागृत करने का प्रयास किया है। आज का व्यक्ति तनाव, निराशा, हताशा, कुंठा, अवसाद एवं नकारात्मक विचारों से धिरा हुआ है मेरी ग़ज़लें पाठकों को जहाँ एक ओर आशा, उमंग, उत्साह, साहस, विश्वास एवं सकारात्मक विचारों से परिपूर्ण करेंगी वहीं दूसरी ओर नैतिक मूल्यों का समर्थन करते हुए आपसी भाईचारे का सन्देश भी देंगी। मेरी ग़ज़लों में भावना, कल्पना एवं श्रृंगार का रस माधुर्य हैं वहीं यथार्थ की तपती हुई रेत है मैंने नशाखोरी के विरुद्ध क्रान्ति का उद्घोष किया है जो हमारे समाज को अनवरत खोखला बना रहा है। मेरा दृढ़ विश्वास है कि मेरी ग़ज़लें पाठकों के दिल को छूने के साथ-साथ उनको चिन्तन-मनन के लिए भी विवश करेंगी।

इस समय साहित्य के प्रत्येक क्षेत्र में नित नवीन प्रयोग हो रहे हैं जिसके फलस्वरूप साहित्य की हरेक विधा में परम्परागत लेखन के साथ-साथ नवलेखन भी प्रचुर मात्रा में हो रहा है कविता के क्षेत्र में जहाँ एक ओर हिन्दी गीत, घनाक्षरी कुंडलिया, दोहे एवं विभिन्न प्रकार के छन्द प्रचलित हैं वहीं नवगीत, नई कविता, गीति नाट्य, पत्र गीत एवं गद्य गीत आदि अपना प्रकाश पुंज बिखेर रहे हैं उसी

प्रकार कहानी के क्षेत्र में भी नई कहानी, अकहानी, जनवादी कहानी, संवाद कहानी, समानान्तर कहानी आदि लिखी गईं तथा अनवरत शोध कार्य चल रहा है, इसी प्रकार नाटक, एकांकी, निबन्ध, लघुकथा एवं समालोचना आदि विभिन्न विधाओं में परम्परागत लेखन के साथ-साथ विभिन्न प्रकार के नए प्रयोग हो रहे हैं।

वर्तमान परिवेश में हिन्दी साहित्य में विभिन्न भाषाओं में चर्चित एवं प्रचलित विधाओं को भी अपनाया जा रहा है और वे हिन्दी साहित्य में बड़ी तेजी से लोकप्रिय हो रही हैं जैसे ग़ज़ल, हाइकू , माहिया, रूबाई, आदि। इसमें फारसी भाषा में प्रचलित ग़ज़ल विधा हिन्दी साहित्य में बड़ी तेजी से लोकप्रिय हुई और वह निरन्तर नए आयाम स्थापित कर रही है। किसी भी ग़ज़ल में सामान्यतया पाँच या पाँच से अधिक शेर होते हैं प्रत्येक शेर दोहे की भाँति दो पंक्तियों का होता है जिसमें प्रतीक या बिम्ब के माध्यम से या इशारे से ही ऐसी बात कह दी जाती है जिसके पाठक हतप्रभ रह जाता है।

मेरे विभिन्न साहित्यिक मित्र मुझसे अक्सर यह प्रश्न करते रहते हैं कि आपकी लेखनी काव्य क्षेत्र में गीत, ग़ज़ल, दोहा, नई कविता एवं परम्परागत छन्दों पर गतिमान है वहीं गद्य क्षेत्र में कहानी, लघुकथा, व्यंग्य लेख, यात्रा संस्मरण एवं निबन्ध क्षेत्र में भी समान रूप से सक्रिय है मूलत: आप किस विधा के कवि या कहानीकार हैं तो मैं उनसे यही कहता हूँ कि—

साहित्य को किसी खेमे या वर्ग में विभाजित नहीं करना चाहिए। यह तो एक पावन निर्झरिणी है जो प्रत्येक प्यासे व्यक्ति को तृप्ति प्रदान करती है।

मेरा मानना है कि इक्कीसवीं सदी अर्थात वर्ष-2001 से **निर्विवाद युग** का प्रारम्भ हुआ है जिसमें साहित्य की प्रत्येक विधा में परम्परागत लेखन के साथ-साथ नव्य लेखन हो रहा है तथा विभिन्न भाषाओं की विभिन्न विधाओं का भी एक दूसरे के साहित्य में स्वागत हो रहा है, निश्चित रूप से हिन्दी साहित्य का निर्विवाद युग जहाँ एक ओर समस्त साहित्यकारों में आपसी भाईचारा एवं समग्र साहित्य के विकास को प्रोत्साहित करेगा वहीं दूसरी ओर वसुधैव कुटुम्बकम की भी स्थापना होगी।

मुझे बचपन में ही साहित्य अध्ययन एवं सृजन का शौक रहा है मैंने अनेक नामचीन शायरों की ग़ज़लें पढ़ी थीं और प्रारम्भ से ही मुझे ग़ज़लें अपनी विशिष्टता एवं लालित्य के कारण अपनी ओर आकर्षित करती रही हैं किन्तु ग़ज़ल रचना प्रक्रिया से अनजान होने के कारण यह साहस नहीं कर पाया था। वर्ष-2003 में मेरी मुलाकात प्रसिद्ध शायर एवं रूबाईकार डॉ. मिर्जा हसन

'नासिर' जी से हुई उनके सान्निध्य में ग़ज़ल रचना प्रक्रिया से भली-भाँति वाकिफ हुआ यद्यपि इस समय उनका शारीरिक एवं मानसिक सान्निध्य नहीं मिल पा रहा है किन्तु इसे पुस्तकाकार स्वरूप प्रदान करने में उनकी महत्त्वपूर्ण भूमिका रही है। इसके साथ ही मैंने ग़ज़ल ज्ञान के सम्बन्ध में विभिन्न पुस्तकों का अध्ययन किया एवं इस सन्दर्भ में विभिन्न विद्वानों से सम्पर्क हुआ क्योंकि मेरा स्वयं का मानना है कि जब आप किसी भी क्षेत्र में काम करें तो उसके सम्बन्ध में विधिवत जानकारी होनी चाहिए।

मेरी ग़ज़ल लेखन यात्रा वर्ष-2004 से प्रारम्भ हुई, इतने लम्बे समय के अन्तराल में, मैं इसे पुस्तक का स्वरूप दे सका हूँ, इस दौरान मेरी अनेक ग़ज़लें अधूरी रह गईं और अनेक ग़ज़ल विधा की कसौटी पर खरी न उतरने के कारण मैंने उन्हें स्वयं ख़ारिज कर दिया, परिणामस्वरूप जो भी ग़ज़लें छँटकर सामने आईं वे सब पुस्तक के रूप में आपके सम्मुख हैं। प्रत्येक ग़ज़ल की गुणवत्ता, सार्थकता एवं उद्‌देश्य के सम्बन्ध में पाठकगण एवं सुधी समीक्षक ही विचार कर सकेंगे। ग़ज़ल के सम्बन्ध में मेरा यही कहना है कि—

''ग़ज़ल की धारा गंगाजल की तरह होती है जो उसमें डुबकी लगाने वाले को पूर्णतया भाव-विभोर कर देती है, दिलो-दिमाग को तरो-ताज़गी देती है तथा नकारात्मक विचारों को दूर कर उसे सकारात्मक ऊर्जा से भर देती है।''

मैंने अपनी ग़ज़लों में इसी भावना को केन्द्र में रखकर उनका ताना-बाना बुना है ग़ज़लों में कल्पना, भावना एवं यथार्थ की त्रिवेणी प्रवाहित करने का प्रयास किया है, कुछ ग़ज़लें मुसलसल (एक विषय पर ही केन्द्रित) बन गई हैं तो कुछ में बहुत कुछ समेटने का प्रयास किया है। सामाजिक यथार्थ प्रस्तुत करने के साथ-साथ आपसी प्रेम, मुहब्बत, भाईचारा, सर्वधर्म समभाव, के साथ-साथ धैर्य एवं साहस के साथ कर्म पथ पर आगे बढ़ने के लिए आह्वान करने का एक तुच्छ प्रयास किया है। मैंने अपनी समस्त ग़ज़लों का शीर्षक दिया है ताकि पाठक किसी ग़ज़ल या शेर का सन्दर्भ शीर्षक के आधार पर सुगमतापूर्वक कर सकें तथा ग़ज़ल के किसी भी शेर को आसानी से खोजा जा सके।

इस कृति के पूर्व मेरी दो काव्य कृतियाँ, एक दोहा सतसई तथा एक कहानी संग्रह तथा एक समीक्षा ग्रन्थ प्रकाशित हो चुका है। वर्ष 2006 में मेरी दो काव्य कृतियाँ अभिलाषा (छन्द बद्ध कविताओं का संग्रह) तथा उत्तर देगा कौन? (नई कविताओं का संग्रह) मेसर्स आत्माराम एंड संस 1362 कश्मीरी गेट दिल्ली-119006 से प्रकाशित हुआ, वर्ष-2015 में अखिल दोहा सतसई (750 से अधिक विषयवार दोहों का संग्रह) अनंग प्रकाशन दिल्ली से प्रकाशित हुआ

तथा इसी वर्ष 'गिरगिट' कहानी संग्रह लोकभारती प्रकाशन, पहली मंजिल, दरबारी बिल्डिंग, महात्मा गाँधी मार्ग, इलाहाबाद (राजकमल प्रकाशन समूह) से प्रकाशित हुआ है। वर्ष 2016 में ललित निबन्ध और डॉ. रघुवीर सिंह नामक समीक्षा ग्रन्थ निर्मल प्रकाशन से प्रकाशित हुआ, इसके अतिरिक्त देश की विभिन्न प्रतिष्ठित पत्र-पत्रिकाओं एवं साहित्यिक संकलनों में विभिन्न विधाओं में रचनाएँ प्रकाशित हुई हैं।

मैं प्रारम्भ से ही साहित्य सृजन के साथ-साथ समाज सेवा की ओर उन्मुख रहा हूँ तथा वर्तमान समय में नशामुक्त समाज की स्थापना की दिशा में अनवरत प्रयास चल रहा है तथा इस दिशा में वर्ष-2012 में साहित्य त्रिवेणी (त्रैमासिक) कोलकाता, हमारी धरती (त्रैमासिक), अलीगढ़ वर्ष-2014 व 2015 के नशामुक्त विशेषांक का अतिथि सम्पादक के रूप में भी कार्य करने का सौभाग्य प्राप्त हुआ इसे मैं अपनी बहुत बड़ी उपलब्धि मानता हूँ। मेरी उक्त कृतियों एवं सामाजिक कार्यों के सम्बन्ध में जहाँ एक ओर गुरुजनों का स्नेह आशीर्वाद एवं सलाह मिली, वहीं पाठकों का अपार प्यार एवं सुझाव प्राप्त हुए जिनका मैं हृदय से आभारी हूँ।

इस कृति के माध्यम से मैं अपने परम पूज्य बाबा जी श्रद्धेय राम दयाल निगम जी को हार्दिक श्रद्धांजलि अर्पित करता हूँ, जिनके वटवृक्ष रूपी वात्सल्य की छाँव में मेरा बहुआयामी पल्लवन हुआ तथा जिनका पग-पग पर असीम प्यार एवं अनुराग प्राप्त हुआ तथा जिन्होंने निरन्तर आगे बढ़ने की प्रेरणा प्रदान की।

मैं ईश्वरतुल्य अपने परम पूज्य परम आदरणीय पिता श्री बैजनाथ निगम एवं पूजनीया माँ परम आदरणीया श्रीमती शकुन्तला निगम के चरण-कमल की वन्दना करता हूँ जिनकी वात्सल्यमयी छत्रच्छाया में रहकर मैं विभिन्न उपलब्धियों के साथ-साथ साहित्य-सृजन भी कर रहा हूँ। मुझे इस बात का भी गर्व है कि मेरी अर्द्धांगिनी श्रीमती नीता निगम मेरे प्रशासनिक दायित्व एवं साहित्य-सेवा के पलों में परिवार के गुरुतर दायित्व का निर्वहन करते हुए मुझे अमूल्य सहयोग प्रदान कर रही हैं। मैं अपने समस्त गुरुजनों, बन्धु-बान्धवों एवं मित्रों के प्रति भी कृतज्ञता ज्ञापित करता हूँ, जिन्होंने मुझे साहित्य-सेवा हेतु सतत प्रोत्साहित किया।

ग़ज़ल संग्रह के सम्बन्ध में प्रख्यात समालोचक डॉ. सूर्यप्रसाद दीक्षित जी, डॉ. हरिशंकर मिश्र जी का आशीर्वाद प्राप्त हुआ जिनका मैं हार्दिक आभारी हूँ। ग़ज़ल के सम्बन्ध में विधिवत जानकारी मुझे श्रद्धेय डॉ. मिर्जा हसन 'नासिर' जी से ही हुई उनकी प्रेरणा से यह कृति पुस्तक का स्वरूप धारण कर सकी है। इसके साथ ही मेरे गुरु डॉ. हरिशंकर मिश्र (पूर्व प्रोफेसर हिन्दी विभाग, लखनऊ विश्वविद्यालय), श्री विनोद चन्द्र पांडेय 'विनोद', डॉ. मोहन तिवारी 'आनन्द'

(सम्पादक-कर्मनिष्ठा-भोपाल) श्री अशोक कुमार पांडेय 'अशोक' (सम्पादक-ब्रज कुमुदेश) डॉ. कैलाश निगम, कुँअर वीर सिंह मार्तंड (कोलकाता), श्री सुशील अवस्थी, श्री मधुकर अष्ठाना, श्री रामदेव लाल 'विभोर', डॉ. दिनेश चन्द्र अवस्थी (महामन्त्री राज्य कर्मचारी साहित्य संस्थान, उ.प्र.) एवं अन्य सभी साहित्यिक मित्रों एवं पाठकों का हार्दिक आभारी हूँ जिन्होंने समय-समय पर मुझे साहित्य सृजन के सम्बन्ध में उपयोगी सुझाव दिए। प्रख्यात चित्रकार श्री राजीव मिश्रा द्वारा पुस्तक का मुखपृष्ठ डिजाइन किया गया है।

इस कृति के पीछे मेरे विभाग के अधिकारियों, सहयोगियों, विभिन्न शुभचिन्तकों तथा विभिन्न साहित्यिक पत्र-पत्रिकाओं के सम्पादकों एवं साहित्यिक मित्रों का विशेष आग्रह रहा है कि आप अपनी स्वरचित ग़ज़लों को एक पुस्तक का स्वरूप प्रदान करें। आप सबके आदेश के फलस्वरूप मैं इस कृति को एक साकार स्वरूप प्रदान कर सका हूँ। यद्यपि यह मेरा एक आंशिक प्रयास ही है, इसका उद्देश्य भी पुस्तक के पठन-पाठन से समझ में आ ही जाएगा। यह कृति यदि सभी पाठकों में उन्हीं भावनाओं को जगा पाए, जिन्हें मैंने अपने रचना-काल में अनुभव किया और उन्हें कहीं रोमांचित तथा पुलकित कर सके तो मैं अपने प्रयास को सफल एवं सार्थक मानूँगा।

अन्ततः मेरी इच्छा है कि आप सभी इस कृति का अध्ययन अवश्य करें। इस कृति की विषयवस्तु कथ्य, भाव, शिल्प, सौन्दर्य एवं लालित्य के सम्बन्ध में आपके सभी प्रकार के विचारों का मैं हृदय से स्वागत करूँगा और अपने-आपको गौरवान्वित महसूस करूँगा।

जगत और जीवन के सम्बन्ध में मेरा यही मानना है—

'साहसी बन ज़िन्दगी को ऐ 'अखिल' जीना सदा,
कामयाबी एक दिन ख़ुद पास तेरे आएगी।'

अनुक्रमणिका

माँ वीणापाणि

मातु अम्ब शारदे! कुछ तो अब पसीजिए,
पुत्र आपका हूँ मैं गोद मुझको लीजिए।

जानता मैं कुछ नहीं क्या ग़लत है क्या सही?
ज्ञान का प्रसाद कुछ मातु मुझको दीजिए।

कौन मार्ग सत्य है जाऊँ भी तो अब किधर?
घूमता मैं फिर रहा पथ सुगम तो कीजिए।

तम सघन है छा रहा हर जगह इधर-उधर,
माँ प्रकाश-पुंज बन शास्त्र हस्त लीजिए।

क्या लिखूँ-पढ़ूँ 'अखिल' कुछ समझ न पा रहा,
लेखनी को माँ मेरी शक्तिमान कीजिए।।

आओ माँ

मेरे घर तुम आओ माँ,
वीणा मधुर बजाओ माँ।

उर-उल्लास जगाओ नित,
सप्त सुरों में गाओ माँ।

गीत-कला संगीत का रस,
प्रतिपल अब छलकाओ माँ।

अवरोधों का शमन करो,
फिर झंकार सुनाओ माँ।

'अखिल' को पुत्र समझकर अब,
तुम निज अंक लगाओ माँ।।

जीत होगी आपकी

तुम अगर आगे बढ़ो तो पास मंजिल आएगी,
मौत सम्मुख यदि खड़ी है, हार वह भी जाएगी।

राह में काँटे कभी तो, फूल भी होंगे कभी,
आज पतझड़ है अगर तो ऋतु सुहानी आएगी।

आसमां भी चूम लेगा तुम अगर दीपक बनो,
बाँसुरी बन ज़िन्दगी ख़ुद गीत प्रतिपल गाएगी।

हँसते-हँसते ज़िन्दगी को यार जीना सीख लो,
रोते-रोते ज़िन्दगी ख़ुद बोझ बन तड़पाएगी।

साहसी बन ज़िन्दगी को ऐ 'अखिल' जीना सदा,
कामयाबी एक दिन ख़ुद पास तेरे आएगी।।

आख़िर किसलिए?

हर घड़ी पागल सरीखे, भागते हो किसलिए?
रात भर करवट बदलते, जागते हो किसलिए?

पतझड़ों की शाम ओढ़े, तुम सदा चलते रहे,
मन्दिरों-मस्जिद में मन्नत, माँगते हो किसलिए?

कौन मेरा, कौन तेरा, यह भुलावा आज तक,
ख़ुद से हो अनजान अब तक, जानते हो किसलिए?

प्यार के झरने में तुमने स्वार्थ का कीचड़ भरा,
हर किसी को तुम डुबोना, चाहते हो किसलिए?

जो है बोया वह मिलेगा, यह नियम है क़ुदरती,
प्राण-पंछी तो उड़ेगा, काँपते हो किसलिए?

साथ कब तक दे सकेगी, ख़ुद की परछाईं 'अखिल'
ईंट की दीवार पर तुम, नाचते हो किसलिए?

उठो, आगे बढ़ो

अन्धेरे से रोशनी की जंग जारी है।
उठो, आगे बढ़ने की बारी तुम्हारी है।

जला ख़ुद को एक दीपक की तरह हरदम,
मशाल बनो ख़ुद ही जो अब तक चिंगारी है।

यही सोचा फायदा क्या है हमारा अब,
गुणा-भाग में ही उमर सारी गुज़ारी है।

पड़ोसी के आँसुओं को कब किया है कम,
समय की गति दोस्त सबसे ज़्यादा न्यारी है।

सलीके से ज़िन्दगी जीना 'अखिल' यारों,
हमेशा ही ज़िन्दगी मौत से भी भारी है।।

ज़िन्दगी

दर्द है, तूफान है भूकम्प है यह ज़िन्दगी।
शुचि पवन, शबनम सरोवर सी सरीखी ज़िन्दगी।

प्रेम का परवान लेकर है महकती हर समय
नित मिलन अलगाव का अन्तर बताती ज़िन्दगी।

आस है विश्वास है सुख-दुख के सुन्दर दो घड़े,
रात काली, दिन सुनहला ऋतु सुहानी ज़िन्दगी।

गीत है, संगीत है साहित्य की सरिता अज़ब,
नित ग़ज़ल सी सज रही सबको लुभाती ज़िन्दगी।

चाँद, तारे, सूर्य भी तो चल रहे नित साथ में,
डूबती-उगती निरन्तर मुस्कुराती ज़िन्दगी।

रोने-धोने से कभी मंज़िल नहीं मिलती कहीं,
पार्थ तन धन्वा सम्भालो यह सिखाती ज़िन्दगी।

शूल भी हैं, फूल भी हैं, राह पथरीली 'अखिल'
कह रही आगे बढ़ो मंज़िल दिखाती ज़िन्दगी।।

नया दौर

हो गए सब लोग पत्थर, आज के इस दौर में।
हाथ में उनके हैं ख़ंजर, आज के इस दौर में।

लहलहाती वादियों में भी तलाशा प्यार को,
पर दिखा हर ओर बंजर, आज के इस दौर में।

तल्ख़ियाँ[1], तन्हाइयाँ[2], रुसवाइयाँ[3], बीमारियाँ,
बाँटते हैं यार अक्सर, आज के इस दौर में।

वे मेरे अपने बने हैं, अपने मतलब के लिए,
ढोल बजता पोल अन्दर, आज के इस दौर में।

फूल दिखते हैं चमन में किन्तु ख़ुशबू है नहीं,
काग़जी हैं वे अधिकतर, आज के इस दौर में।

राह में गिरते हुए को अब उठाता कौन है?
सब लगा देते हैं ठोकर, आज के इस दौर में।

उम्र भर का दोस्त जिसको मैंने माना था 'अखिल'।
मुड़ गया नज़रें बचाकर, आज के इस दौर में।।

विशेष-1. तल्ख़ियाँ-कड़वापन, कटुता, 2. तन्हाइयाँ -अकेलापन, 3. रुसवाइयाँ-बदनामी, कलंक

बेटियाँ

सूनी आँखों से पिता को ताकती हैं बेटियाँ।
मौन रहकर भी बहुत कुछ बोलती हैं बेटियाँ।

बेरहम माता-पिता जब गर्भ में ही मारते,
है हमारा जुर्म क्या, यह पूछती हैं बेटियाँ।

आँख का काजल कभी तो आँख का काँटा हुईं,
दिल के भावों को सदा, पहचानती हैं बेटियाँ।

ब्याह जिससे कर दिया उसकी ही होकर रह गईं,
आपके आदेश को स्वीकारती हैं बेटियाँ।

एड़ियाँ रगड़ी हैं तुमने एक बेटे के लिए,
जन्म से वो हैं पराई, जानती हैं बेटियाँ।

धन तुम्हारा बाँटने को पुत्र सारे हैं खड़े,
प्यार ही बस प्यार देखो, बाँटती हैं बेटियाँ।

अपनी गुड़िया के लिए गुड्डा ख़रीदा है मगर,
एक दिन वे भी बिकेंगी, काँपती हैं बेटियाँ।

उनके सपने सच करें आओ सभी मिलकर 'अखिल'
प्यार के दो बोल ही तो चाहती हैं बेटियाँ।।

छू लो आसमान

आप चलिए तो सही, ख़ुद रास्ते मिल जाएँगे,
ठान लें तो रास्ते में गुल-ही-गुल खिल जाएँगे।

इस समन्दर को अकेले पार करना है कठिन,
आप दरिया गर बनें तो दिल-से-दिल मिल जाएँगे।

दीन-दुखियों के ज़रा, आँसू तो पीकर देखिए,
फूल ख़ुशियों के चमन में आपके खिल जाएँगे।

दुश्मनों को भी भला, कहने में क्या नुक़सान है,
एक दिन मुमकिन है, दुश्मन भी गले मिल जाएँगे।

फूल ज़ख़्मी हो के भी, हँसते ही रहते हैं 'अखिल',
आप भी हँसते रहें तो, ज़ख़्म ख़ुद सिल जाएँगे।।

विशेष—गुल ही गुल = फूल ही फूल

पिता का प्यार

ख़ुद पिताजी इस जगत में क्या ग़ज़ब किरदार है।
नींव की हैं ईंट वे परिवार का आधार हैं।

गोद में लेकर कभी कन्धे बिठाकर घूमते,
बेटा-बेटी के लिए वे ईश का अवतार हैं।

माफ कर देते पिता हैं मेरी सारी गल्तियाँ,
वे हमारी हर ख़ुशी हैं और हर त्यौहार हैं।

सबकी इच्छा पूर्ण करते अपनी इच्छा मारकर,
वे मेरे शिक्षक प्रथम हैं ज्ञान का भंडार हैं।

हर समय उनका सहारा छाँह हो या धूप हो,
वे दिवाकर चन्द्रमा की ज्योति का विस्तार हैं।

बाग़ की हैं कर रहे रखवाली माली की तरह,
रोशनी परिवार की वे पेड़ शुभ फलदार हैं।

देख लेना ईश को अपने पिता के रूप में,
जान लोगे तब 'अखिल' वे प्यार का संसार हैं।।

मुझको अब तक याद है

वह तेरा छुप-छुप के आना, मुझको अब तक याद है।
पास आकर मुस्कराना, मुझको अब तक याद है।

मेरे होंठों पर वो उँगली रखके, चुप करना तेरा,
और फिर नज़रें झुकाना, मुझको अब तक याद है।

पहली-पहली बार हम आकर मिले थे जिस जगह,
वो घड़ी और वो ठिकाना, मुझको अब तक याद है।

वो तेरा अँगड़ाई लेना, और मुझको देखकर,
हाथ शरमाकर गिराना, मुझको अब तक याद है।

जब भी तुझको मैंने देखा, दिल में इक हलचल हुई,
इक नया हर दिन बहाना, मुझको अब तक याद है।

कनखियों से देखती करती इशारे बाग़ में,
आकर बाँहों में समाना, मुझको अब तक याद है।

लुकते-छिपते एक दिन तुम आई थी उस चौक पर,
दाँत बिच उँगली दबाना, मुझको अब तक याद है।

वक्ते-रुखसत[1] ग़म भरी आँखों से मुझको देखकर,
हाथ वो तेरा हिलाना, मुझको अब तक याद है।

बातों-बातों में तेरा वह रूठ जाना फिर 'अखिल'
और फिर तुझको मनाना, मुझको अब तक याद है।।

विशेष- 1- वक्ते-रुखसत—चलते समय, विदाई के समय

आज का आदमी

भीड़ में तनहा खड़ा है आदमी।
आज ख़ुद से ही डरा है आदमी।

नित अहम की मय में रहता झूमता
ख़ूब ही चिकना घड़ा है आदमी।

हर तरफ गिरगिट दिखाई दे रहे,
काँच का टूटा कड़ा है आदमी।

देखिए अब लौ भी धीमी हो रही,
मोह-माया में पड़ा है आदमी।

सूनी आँखों से सभी को ताकता,
भूमि पर उलटा पड़ा है आदमी।

जीतने को जग़ सिकन्दर की तरह,
हर समय ख़ुद से लड़ा है आदमी।

ज़िन्दगानी खूब पाकर भी 'अखिल'
आज जीते जी मरा है आदमी।।

माँ की ममता

जो भी माँ के करीब होता है।
वह बड़ा ख़ुशनसीब होता है।

दूध माँ का जिसे मिला[1] ही नहीं,
वह तो ज़िन्दा सलीब होता हैं।

सुख भले हों नसीब दुनिया के,
माँ नहीं तो ग़रीब होता है।

तौल न सकता कोई ममता को,
दर्जा माँ का अजीब होता है।

जिसको साया न मिला माँ का 'अखिल'
यार वो बदनसीब होता है।।

विशेष-1. सलीब-सूली

ज़िन्दगी का सच

सब यहाँ ख़ुद ही हैं मालिक, कौन क्या कर पाएगा?
जब उठेगी उनकी अर्थी, क्या यहाँ रह जाएगा?

आज बिस्तर पर पड़े हैं, जो कभी बलवान थे,
वृक्ष कितना भी हरा हो, एक दिन मुरझाएगा।

राज्य, गंजिल, मूर्तियाँ सब कल्पनाओं के किले,
आएगा तूफ़ान जब भी, सब यहीं ढह जाएगा।

ज़िन्दगी भर ख़ून तुमने, उन ग़रीबों का पिया,
एक दिन वह ख़ून सारा, खाक़ में मिल जाएगा।

बाप-माँ ने है तुझे, नित ख़ून से सींचा मगर,
यदि किया अपमान तूने, फल यहीं तू पाएगा।

यह है मेरा वह है तेरा, उम्र भर लड़ता रहा,
ज्योति जब बुझने लगेगी, तू बहुत पछताएगा।

मौत के इस खेल को, नित ध्यान में रखना 'अखिल',
सूनी आँखे होंगी तेरी, कुछ नहीं कर पाएगा।।

रोटियाँ

जाने क्या-क्या गुल खिलातीं, आज देखो रोटियाँ,
सारे सपने तोड़ जातीं, आज देखो रोटियाँ।

हड्डियाँ दिखतीं बदन पर, आँख अन्दर को धँसी,
किस क़दर उनको सतातीं, आज देखो रोटियाँ।

मर गया निर्धन बेचारा, शहर के फ़ुटपाथ पर,
मौत पर हैं खिलखिलातीं, आज देखो रोटियाँ।

ख़ूब महँगाई बढ़ी सुरसा सरीखी इस तरह,
आदमी को हैं रुलातीं, आज देखो रोटियाँ।

बीनते जूठन हैं बच्चे गन्दगी के ढेर से,
हर समय इनको चबातीं, आज देखो रोटियाँ।

हो रहा अपमान हर पल उन अमीरों के यहाँ,
फिर भी उनके घर सजातीं, आज देखो रोटियाँ।

छल-कपट के खेल होते ज़िन्दगी में ऐ 'अखिल',
आदमी पर मुस्कुरातीं, आज देखो रोटियाँ।।

ईश्वर का रूप है माँ

बच्चे की भगवतगीता है।
माँ! तू ही देवी सीता है।

नभ, सागर, वायु, अनल[1] है माँ,
वह पृथ्वी परम पुनीता[2] है।

दिल में धड़कन माँ की चलती,
बच्चा भी माँ संग जीता है।

माँ के बिन शिशु का जीवन तो
क्षण-प्रतिक्षण रोते बीता है।

जो पाया माँ का प्यार नहीं
वह जीवन बिलकुल रीता है।

माँ है बच्चे की धर्म ग्रन्थ,
नित दुग्ध अमिय[3] वह गीता है।

जो पाया माँ का प्यार 'अखिल'
वह स्वर्ग के सुख को जीता है।।

विशेष-1. अनल-आग अग्नि, 2. पुनीता-पवित्र, 3. अमिय-अमृत

चैन चुराया आपने

रोज़ नयनों के निशाने मैं सदा सहता रहा।
ख़्वाब आँखों में सजाए रात भर जगता रहा।

उसकी आँखों का समन्दर इस क़दर गहरा हुआ,
जब से उतरा उस जलधि में, डूबता-तिरता रहा।

याद तेरी इस तरह ज्यों हो चिकोटी गाल की,
मौन रहकर भी बहुत कुछ ख़ुद से मैं कहता रहा।

दिल चुराकर चैन मेरा यूँ रफ़ूचक्कर किया,
रात-दिन चक्कर लगाता भागता फिरता रहा।

उसकी ज़ुल्फों के अँधेरे में अमावस खो गया,
प्यार के झिलमिल सितारे खोजता चुनता रहा।

थरथराते होंठ ने ही हाल दिल का कह दिया,
आपके हर मौन को मैं मन ही मन हो सुनता रहा।

उँगलियों से कर इशारा जो कहा तुमने प्रिये,
उन इशारों पर मैं सपने देखता बुनता रहा।

रात की तेरी हँसी ने इक सवेरा कर दिया,
उस हँसी पर रात भर मैं तो ग़ज़ल लिखता रहा।

तूने जब मुझको छुआ था याद है सिहरन 'अखिल'
आज तक मैं उस छुअन को सोचकर कँपता रहा।।

देखो! पैसा बोल रहा है

देखो! पैसा बोल रहा है।
और हलाहल घोल रहा है।

हर कोई इसका दीवाना,
आगे-पीछे डोल रहा है।

सबकी क़ीमत उसने आँकी,
भेद जो दिल के खोल रहा है।

गिरगिट जैसा रंग बदलते,
कथनी-करनी झोल रहा है।

अन्दर से वे बिलकुल ख़ाली,
बजता उनका ढोल रहा है।

बेबस लड़की जब भी देखी,
उसकी इज़्ज़त तोल रहा है।

उसके पीछे सब हैं पागल,
धन का ही अब मोल रहा है।

आज 'अखिल' मैं क्या-क्या बोलूँ,
सब कुछ पैसा बोल रहा है।

कंकरीट के गाँव

आज शहर वीरान हैं, कंकरीट के गाँव।
पर्यावरण के नाम पर, केवल काँव-काँव।

धरती नंगी दिख रही, नंगे खड़े पहाड़,
वह रोती है हर समय, मिलता उसे न ठाँव।

प्रकृति प्रदूषित हो रही, जल, थल, वायु विकार,
राजनीति बस हो रही, दिखा रहे सब दाँव।

सड़कें चौड़ी हो रहीं, होता वृक्ष विनाश,
भौतिकता का हर जगह, बढ़ता जाता पाँव।

देख वनों की दुर्दशा सभी आज हैं मौन,
'अखिल' आज दुर्लभ हुई, सुखद सुहानी छाँव।।

नशा नाश का मूल

ज़िन्दगी बरबाद अपनी कर रहा इन्सान है।
देख उसकी दुर्दशा को रो रहा भगवान है।

कर रहे वे तो नशा या नशा उनको खा रहा,
घट रही है उम्र देखो, आदमी अन्जान है।

झूमता फुटपाथ पर नाली में कोई लोटता,
हँस रहे हैं जानवर, धन्य! तू इन्सान है।

रोज़ कसमें खा रहे हैं अब मयकदे[1] न जाऊँगा ,
शाम होते ही छलकता जाम का तूफान है।

रो रहे हैं बीबी बच्चे इनकी क़श्ती डूबती,
मिट गए हैं स्वप्न सारे, मिट रहा सम्मान है।

भाँग गांजा या चरस, स्मैक हिरोइन देखिए,
ब्राउन शुगर या अफीम, मौत का सामान है।

हो रहे हैं धन्धे घिनौने, सब नशे की ही आड़ में,
माफ़िया अपराधियों का अब खुला ऐलान है।

आदमी बन ज़िन्दगी को तुम सँवारो ऐ 'अखिल'
फन कुचल दो सर्प का बस इक यही अरमान है।।

विशेष-1.मयकदे-शराबखाना

घोटाले की फसल

देखता हूँ हर तरफ घोटालिये ही हैं हज़ार।
देश के सब सूरमा इनसे गए हैं अब तो हार।

लहलहाती है फ़सल रिश्वत दलाली की ही आज,
और चमन मेहनत-मशक्क़त के हुए हैं सब उजार।

हैं तेरे स्विस बैंक में गुमनाम खाते भी कई,
और विदेशों में भी जा के तूने लूटी है बहार।

हो रहे हैं ख़ाक पुरखों के सभी अरमान अब,
ढो रहे हैं हसरतों की लाश हम बन के कहार।

सब ने कलियाँ ही चुनी हैं माँ के गुलशन से 'अखिल'
माँ की झोली में मगर, भरते रहे बस ख़ार-ख़ार[1]।।

विशेष—1. ख़ार-ख़ार-काँटे ही काँटे

सन्देश भाई चारे का

सजाएँ ईद खुशियों की, मनाएँ प्यार से होली।
अजाँ हिन्दू पढ़े, मुस्लिम लगाए माथ पर रोली।।

न भाषा और मज़हब का कभी भी भेद कर इन्साँ।
न गन्दी कर जुबाँ अपनी, किसी पर दाग़ मत गोली।।

हो अरबी में लिखा क़ुरआन या संस्कृत में हो गीता।
दिखाती राह सच्ची और सुनाती प्यार की बोली।।

गुलाल इन्सानियत का, रंग लेकर भाई चारे का।
लगाएँ सबके मुख पर और चलें मिलकर बना टोली।।

मिटा दें इस तरह से हम धरम की सारी सीमायें।
निकाहों से जुड़ें पंडित उलेमा से उठे डोली।।

मिटाकर आपसी झगड़े 'अखिल' सबके गले लग जा,
यही सन्देश देती ईद, कहती है यहाँ होली।।

ख़ूब प्रगति की हमने यारों

घर-घर में तकरार बढ़ा है।
रिश्तों में व्यापार बढ़ा है।

बाग़ों में अब, फूल नहीं हैं।
ऊसर, बंजर, ख़ार[1] बढ़ा है।

प्रेम की नदिया सूखी दिखती,
तीर, कमान, कटार बढ़ा है।

धरती, जल, नभ, हमने नापा,
फिर भी मारामार बढ़ा है।

ख़ूब प्रगति की हमने यारों,
स्वारथ का संसार बढ़ा है।

मुख पर चिकनी चुपड़ी बातें,
मुँहदेखा व्यवहार बढ़ा है।

आज 'अखिल' मैं तनहा-तनहा[2],
दिल में ग़म का भार बढ़ा है।।

विशेष-1. ख़ार- काँटे, 2. तनहा- अकेला

सूनी आँखें

इस जहाँ में कौन ऐसा है, जो ग़म पाता नहीं।
आदमी वो है जो ग़म में अश्क बरसाता नहीं।

हर क़दम पर ग़म मिले, काँटे मिले, धोखे मिले,
आँधियाँ चलती रहीं पर, अब मैं घबराता नहीं।

दिल भी सूना, सूनी आँखें, देखती हर ओर हैं,
इश्क़ के इस ज़ुल्म को, ख़ुद दिल पर अब ढाता नहीं।

लोग कहते प्यार को, यह तो छलावा छद्म है,
प्यार फिर भी है सुहाना, मैं समझ पाता नहीं।

प्यार की यह नाव देखो, अब भँवर में है फँसी,
कौन-सा होगा किनारा, कुछ समझ आता नहीं।

सुख में सारे, दोस्त बनकर, हर क़दम पर थे खड़े,
दुख की आँधी जब से आई, कोई पास आता नहीं।

हैं बहुत से रंग झिलमिल, इस ज़माने में 'अखिल',
आज मैं तनहा खड़ा हूँ, कुछ मुझे भाता नहीं।।

बेवफाई

ऐ ख़ुदा मुझको बता दे, कौन-सी मेरी ख़ता[1]?
प्यार का रिश्ता निभाया, क्यों वो निकला बेवफा?

दिल है सूना, सूनी आँखें, ज़िन्दगी पतझड़ हुई,
किस तरह किसको बताऊँ, आज बदली है फ़िज़ा?

खूबसूरत स्वप्न, वादे और बातें रस भरी,
जब भी चाहा दिल से खेला, दे गया फिर वह दग़ा।

राह में काँटे हैं अब तो, फूल सब मुरझा गए,
वक्त का पत्थर पड़ा है और बदली है हवा।

क्या यही दुनिया है तेरी, प्यार बिकता है जहाँ,
लोग हँसते हैं मुझी पर और लेते हैं मज़ा।

प्यार में पागल बनी मैं, खा रही हूँ ठोकरें,
है नहीं अफ़सोस मुझको, यह तो तेरी है रज़ा।

एक झोंका खुशनुमा बनकर, वह आया था 'अखिल'
ज़िन्दगी वीरान है अब, मैं कहाँ जाऊँ बता?

विशेष- 1. ख़ता-गलती

प्रदूषण

धरती अब खुशहाल नहीं है।
अब वह मालामाल नहीं है।

पर्यावरण प्रदूषित इतना,
पेड़ों पर अब छाल नहीं है।

गंजे टोपी आज उछालें,
ख़ुद सर पर इक बाल नहीं है

सूनी आँखें, भूख की बातें,
घर में आटा-दाल नहीं है।

बूढ़े बाबा, बूढ़ी दादी,
कोई पुरसाहाल नहीं है।

आई है फिर 'अखिल' सुनामी,
कौन यहाँ बेहाल नहीं है।।

वाह रे फ़ैशन!

फ़ैशन ने यह क्या कर डाला?
नग्न फिरे अब देश की बाला।

महफ़िल में वे झूम रहे हैं,
रंग-बिरंगी पीकर हाला।

ऊपर से वे उजले दिखते,
कालिख-सा मन उनका काला।

सूनी आँखें, भूखी रातें,
धुन्ध, अँधेरा बादल काला।

चमचागिरी और दलाली,
चारों ओर दिखे घोटाला।

पर्यावरण प्रदूषित इतना,
नदिया आज बनी है नाला।

रिश्तों में भी आज दिखावट,
चाची हो या जीजा-साला।

आज 'अखिल' मैं कैसे बोलूँ,
मुँह पर यार लगा है ताला।।

अन्धेर नगरी

इस दुनिया की अज़ब कहानी।
कोई राजा कोई रानी।

कोई महल क़िले में रहता,
मिला किसी को छप्पर छानी।

कोई यहाँ फुटपाथ पे सोता,
कोई ऐश करे मनमानी।

पागल हैं वे कुर्सी पाकर,
समझें केवल ख़ुद को ज्ञानी।

सिर्फ़ दिखावा ही करते हैं,
बनते मगर बड़े वे दानी।

रिश्तों का भी मोल लगाते,
बातें करतें हैं बेमानी।

झूठे धर्मगुरु भी देखे,
बोल रहे हैं झूठी बानी।

लोग नशा एय्याशी में भी,
लुटवाते अनमोल जवानी।

सूनी आँखें, आँसू सूखे,
फिर भी हार न उसने मानी।

बच्ची की भी इज़्ज़त लूटी,
दम तोड़ा क्या लिखूँ कहानी।

जो भी आया, जीव जगत में,
उसको तो है मुँह की खानी।

वक्त का पत्थर पड़ता, जिस पर,
टूटा बहुत बड़ा अभिमानी।

प्यार में मिलता अक्सर धोखा,
पड़ती है तब मुँह की खानी।

अनगिन क़िस्म के जीव यहाँ पर,
उसकी लीला किसने जानी?

कुछ भी मैंने 'अखिल' न जाना,
इस दुनिया की अजब कहानी।।

चेहरे पर चेहरा

हर तरफ दिखता हमें बाज़ार है।
रिश्तों में भी हो रहा व्यापार है।

हर क़दम पर लोग बिकते जा रहे,
और रुपया हर जगह गुलज़ार है।

चेहरे पर चेहरा लगाए आदमी,
आदमी का अब अज़ब किरदार[1] है।

नोट से सब कुछ खरीदा जा रहा,
माफ़ियाओं से भरी सरकार है।

हर तरफ अब तो अँधेरा छा रहा,
अब उजालों की यहाँ दरकार[2] है।

गर्म है बाज़ार रिश्वत का यहाँ,
आम इन्साँ आजकल लाचार है।

सूनी आँखें आज मेरी हैं 'अखिल'
हर जगह बस स्वार्थ का व्यवहार है।।

विशेष- 1. किरदार-चरित्र, व्यक्तित्व, 2.दरकार-आवश्यकता

इज़्ज़त का सौदा

ढेर कूड़े का पड़ा है, लड़कियाँ कुछ बीनतीं।
कोई किसी के संग प्रतिदिन, बार-क्लब में झूमतीं।

अपनी इज़्ज़त का भी सौदा आज उसने कर लिया,
धन कमाने के लिए, अब लड़कियाँ हैं भागतीं।

देह उनकी दिख रही है फिल्म, टी.वी. में यहाँ,
नग्न होकर झूमती हैं, हर कदम पर नाचतीं।

आज इक बेटी के संग, मुँह बाप ने काला किया,
अब करे किस पर भरोसा, किस कदर वह काँपतीं?

सूनी आँखों में समन्दर, दर्द से दिल है भरा,
पेट पापी पालने को, ख़ुद को देखो बेचतीं।

कल कहीं नीलाम होगीं, इस भरे बाज़ार में,
कुछ बिकेंगी, कुछ मिटेंगी, ख़ुद की किस्मत कोसतीं।

प्यार में धोखा उन्होंने खूब खाया है 'अखिल'
फिर भी देखो प्यार सबको, लड़कियाँ है बाँटतीं।।

भारत माँ का विलाप

भारत माँ अब रोती है।
लेकिन जनता सोती है।

आग लगी है पानी में,
फिर भी फसलें बोती है।

पग-पग पर दु:शासन है,
खींच रहा वह धोती है।

आज विदेशी कर्ज़ बहुत,
अपने सिर पर ढोती है।

घोटाला ही घोटाला
खूब फ़जीहत होती है।

हड्डी-ढाँचा ऐसा है,
ख़ुद का खून निचोती है।

काले हैं अँगरेज यहाँ,
फिर आजादी खोती है।

बेच दिया है हंसों को,
बगुला चुगता मोती है।

आज 'अखिल' यह पूछ रहा,
भारत माँ क्यों रोती है?

ऐ हरजाई

ऐ हरजाई[1], ऐ हरजाई।
आज नहीं मैं तेरी लुगाई[2]।

पानी में भी मछली तड़पे।
ऐसी तूने आग लगाई?

धरती ऊपर, नभ है नीचे,
लोग फिसलते ऐसी काई।

बारिश में भी कचड़ा बरसे,
ऐसा क्यों है मेरे भाई?

पीठ छुरा है उसके भोंका,
जो था तेरा ख़ुद का भाई।

बूढ़ी अम्माँ, बूढ़े अब्बा,
सूनी आँखें क्यों पथराई।

खूब विदेशी क़र्ज़ लिया है,
औने - पौने, आना - पाई।

काँप रही है जंगल-बस्ती,
ऐसी दहशत क्यों फैलाई?

आज 'अखिल' तू ऐसा बहरा,
क्यों कुछ देता नहीं सुनाई?

विशेष : (1) हरजाई = एक से अधिक स्त्रियों से प्रेम करने वाला पुरुष।
(2) लुगाई-प्रेयसी या पत्नी

गिरवी ज़िस्म

डूबता है आदमी अब रेत के मंझधार में।
टूटता ही जा रहा है हर किसी किरदार में।

दिख रही है भूख इतनी बढ़ गई है पेट की,
फिर किसी ने ज़िस्म गिरवी रख दिया बाज़ार में।

नींव की वे ईंट जैसे हर समय लगते रहे,
हिल गए वे आजमाया जब उन्हें व्यवहार में।

वे बहादुर वीर इतने हैं गजब के साहसी,
दुम दबाकर भाग निकले आपसी तकरार में।

ईद फीकी, शुष्क होली, व्यर्थ बैशाखी हुई,
वस्तुएँ महँगी हुई हैं आज हर त्योहार में।

अब अमीरी, दान, पूजा या दिखावट दिख रही,
लोग रिश्ते तौलते हैं आज बस उपहार में।

अब करप्शन हर जगह होने लगा है ऐ 'अखिल'
आज इस सरकार में कल दूसरी सरकार में।।

जिसको देखो भाग रहा है

जिसको देखो भाग रहा है।
रात-दिवस वह जाग रहा है

वह तो अज़ब दिवाना दिखता,
प्यार में गोली दाग रहा है।

भूख भी अक्सर भूखी रहती,
बिन रोटी के साग रहा है।

बिन सरगम संगीत है सजता,
कैसा अद्भुत राग रहा है।

सिर्फ अमीरों की दीवाली
फीकी होली फाग रहा है।

आज 'अखिल' अब पेड़ हैं रोते,
मुरझाया सा बाग रहा है।।

आज का बाज़ार

गुम हुई पहचान मेरी, आज के बाज़ार में,
दिख रहे चेहरे अनेकों हर किसी किरदार[1] में।

भूख भूखी है वहाँ या प्यास प्यासी है यहाँ,
टूटता इन्सान अब है आज के व्यापार में।

ज़िन्दगी ज़िन्दा चिता है, गल रही हैं हड्डियाँ,
श्वास प्रतिपल आज बिकती, आज के बाज़ार में।

हर क़दम पर लोग देखो आज बिकते हैं यहाँ।
आज रिश्वत का ही धन्धा हो रहा सरकार में।

रिश्ते नाते अब 'अखिल' ख़ुद आज मुरझाए हुए,
हर तरफ है रेत फैली, आपसी व्यवहार में।।

विशेष :-(1) किरदार-व्यक्तित्व

तीखी धूप

आदमी को आदमी खाने लगे हैं।
एक दूजे को ही तड़पाने लगे हैं।।

धूप तीखी इस क़दर होने लगी है,
प्रेम के पुष्प अब मुरझाने लगे हैं।

मन्दिरों-मस्जिद में मेले बढ़ गए अब,
मज़हबी गाने भी सब गाने लगे हैं।

ख़ूब होने अब लगी काली कमाई,
अब तो भरने घर में तहखाने लगे हैं।

शान्ति का सन्देश उल्लू दे रहे अब,
बाज़ भी खगदल को समझाने लगे हैं।

दौर कैसा आ गया है आज यारों,
लोग अपनों से भी कतराने लगे हैं।

भीड़ तो हर ओर दिखती है 'अखिल' पर,
हमको तो अपने भी बेगाने लगे हैं।।

आखिर क्यों तू सोता है?

जिसको देखो रोता है।
अपने को ही खोता है।

रत्नों के नित चक्कर में
कंकड़-पत्थर ढोता है।

जन्नत मुक्ति की चाहत में,
प्रतिपल खाता गोता है।

उसकी पीड़ा अद्भुत है,
हँसता है फिर रोता है।

आज 'अखिल' मैं पूछ रहा,
आखिर क्यों तू सोता है?

सूफ़ियाना अन्दाज़

बाग़ में फिर बहार लाना है।
इसको जन्नत निशाँ[1] बनाना है।

मुझको तेरी अदाओं ने मारा,
दिल मेरा अब तेरा दीवाना है।

हर जगह तुझको जल्वागर[2] देखा,
तेरे जल्वों में डूब जाना हैं।

हर तरफ़ प्यार ही के हों चर्चे,
हमको अब मिलके मुस्कराना है।

लेके शीशे का दिल कहाँ जाऊँ,
संगदिल[3] हो गया ज़माना है।

चाहे जितनी उड़ान भर लो तुम,
एक दिन तो ज़मीं पे आना है।

तेरी ग़ज़लों में है 'अखिल' तासीर[4],
तेरा अन्दाज़ सूफ़ियाना है।।

विशेष : (1) जन्नत निशाँ- स्वर्ग के समान
(2) जल्वागर - प्रकट होना, दृष्टिगोचर होना
(3) संगदिल - पत्थर दिल
(4) तासीर - प्रभाव

आज कैसी बेबसी?

ज़िन्दगी में आज देखो, नाचती-है बेबसी।
स्वप्न सारे मर चुके हैं, सिर्फ़ दिखती बेबसी।

धूप में भी सूर्य देखो आज छिपता जा रहा,
है अँधेरा दिन में कैसा, आज कैसी बेबसी।

लोग अमृत हैं पिलाते, या ज़हर की प्यालियाँ,
वोट नेता देखते हैं, क्यों है बाक़ी बेबसी।

लक्ज़री कारें हैं चलती, हर क़दम हर मोड़ पर,
रोड के फुटपाथ पर, आँखों में देखी बेबसी।

हो रहा खिलवाड़ देखो, धर्म की ही आड़ में,
वे मलाई खा रहे हैं, आदमी की बेबसी।

हाइब्रिड के फूल खिलते, है महक जिनमें नहीं,
अब स्वदेशी मर रहा है, है हमारी बेबसी।

बेबसी बेबस है देखो आज अपने हाल पर,
क्या कहें, कैसे कहें, अब यार अपनी बेबसी।

अब ग़ज़ल या गीत, कविता या कहानी क्या लिखूँ,
पर 'अखिल' कैसे कहूँ मैं, यह है मेरी बेबसी।।

चाँद और चाँदनी

चाँद निकला है गगन में कैसी मनहर चाँदनी।
देखिए सबको बुलाती हर क़दम पर चाँदनी।।

ओंठ हैं मधुमय रसीले, आँखों में है कालिमा,
प्यार का दीपक जलाने आई सुखकर चाँदनी।

मौन होकर नयन ही से वह बहुत कुछ कह रही,
प्रेम के शुभ पत्र लेकर आई घर-घर चाँदनी।

कपड़े सोने के पहन कर वह तो मिलने आई है,
उर्वशी और मेनका बन आई दर-दर चाँदनी।

जानवर हिंसक विषैले और पंछी डाल के,
मस्त वे भी प्यार में हैं आज लखकर चाँदनी।

चर-अचर और इस जगत में आज जो भी प्यार है,
पाठ नित उसको पढ़ाती हर क़दम पर चाँदनी।

कौन है ऐसा जगत में आज बोलो तुम 'अखिल'
नींद के आग़ोश में लेती है सुखकर चाँदनी।।

आदमी गायब हुआ

दिख रहा बस आवरण ही आवरण।
कह रहे कुछ पर अलग है आचरण।

रंग गिरगिट-सा बदलते लोग हैं,
खो गया इन्सानियत का व्याकरण।

दुह रहे जल, नभ, धरा नित वायु को,
खूब दूषित हो रहा पर्यावरण।

हर दशहरे में जले रावण मगर,
कर रहा वह आज भी सीता-हरण।

आदमीयत अब नहीं मिलती 'अखिल'
धन कमाना आज का जीवन-मरण।।

किसका बोझा ढोते हो?

तुम जाग रहे या सोते हो।
क्यों बेमन बोझा ढोते हो?

जो बोओगे, वह काटोगे,
फिर ज़हर भला क्यों बोते हो?

है कौन पराया या अपना
क्यों व्यर्थ लगाते गोते हो?

जैसी करनी वैसी भरनी,
क्यों अपनी आँख भिगोते हो?

कैदी जैसा जीवन जीते,
क्या तुम पिंजरे के तोते हो?

उफ! जाने कब तुम चेतोगे,
क्यों ख़ुद को यों ही खोते हो?

जग जेल नहीं है 'अखिल' सुनो,
तुम निशि-वासर[1] क्यों रोते हो?

विशेष : 1. निशि-वासर -रात-दिन

रैन-बसेरा

यह जग तेरा ना है मेरा।
केवल है यह रैन-बसेरा।

आपाधापी के जीवन में,
पतझड़ ने भी निज मुख फेरा।

व्यर्थ भरम क्यों पाला पगले,
वक्त का सबसे तगड़ा घेरा।

परिवर्तन है सच्चा साथी,
रात-दिवस नित सांझ-सवेरा।

सबकी मन्जिल एक 'अखिल' है,
उखड़ा सबका तम्बू-डेरा।।

मुँह में राम बगल में छूरी

उनकी ऐसी क्या मजबूरी,
मुँह में राम बगल में छूरी।

पूँजीपति हैं जाल बिछाए,
मार रहे सबकी मजदूरी।

भौतिकता में होती स्वाहा,
धर्म, आस्था और सबूरी।

गाँजा, गुटखा, भाँग, हेरोइन,
घूम रहे पीकर अंगूरी।

हार गया विश्वास 'अखिल' क्यों,
बढ़ती गई स्वयं से दूरी।।

दिल की आग

जब नज़र से निगाह मिलती है।
आग सीने में भी सुलगती है।

बिन कहे कुछ कहा इशारों में,
आँखों-आँखों में मौज-मस्ती है।

काँपते ओंठ किसलिए चुप हैं,
बात मुँह से नहीं निकलती है।

गन्ध फूलों में है जवां हरदम,
हर गली कूचे में महकती है।

प्यार के फूल से खिले पौधे,
वायु हर ओर मस्त चलती है।

आग कैसी 'अखिल' लगी यारों,
जो मेरे उसके दिल में जलती है।।

प्यार का दबाव

जाने कैसा रख रखाव है।
जिस्म में बस घाव-ही-घाव है।

प्यार की दरिया में वे डूबे,
उसका ऐसा ही बहाव है।

बातें जब नज़रों से होती,
तब एक दूजे का झुकाव है।

जब तक उसको देख न पाएँ,
अन्तार में रहता तनाव है।

फुरसत कहाँ 'अखिल' पल भर की,
हर क्षण चाहत का दबाव है।।

रिश्वती रिश्ते

रिश्वती रिश्ते हुए हैं आज इस संसार में।
बेमजा फागुन हुआ अब रंग के त्योहार में।

रूप बदला देखकर गिरगिट भी हैं अब चौंकते,
आदमी अब ढल गया है हर किसी किरदार में।

हो रहा दंगा अजी अब धर्म के ही नाम पर,
घर जलाया है किसी का आपसी तकरार में,

डर गया हैवान ख़ुद ही कर्म उनके देखकर,
कर दिया घोषित स्वयं को देव के अवतार में।

था भरोसा हर घड़ी रिश्ता चलेगा उम्र भर,
दे दिया धोखा 'अखिल' को किन्तु उसने प्यार में।।

आह-ही-आह

हर तरफ अब आह ही बस आह है।
अब यहाँ किसकी किसे परवाह है?

हैं अकेले हर समय वे भीड़ में
हर घड़ी धन की उन्हें बस चाह है।

मिट गया रिश्ता जरा-सी बात में,
बेवफ़ा, ख़ुदगर्ज, बेपरवाह है।

अन्न महँगा आदमी सस्ता हुआ,
जीने की दिखती न कोई राह है।

रोटियाँ मिलती नहीं उसको 'अखिल'
आँख में आँसू हृदय में आह है।।

विवाह

वाह-आह के मेल से, देखो बना विवाह।
वाह-वाह पहले हुआ फिर तो केवल आह।

झूमे नाचे लोग सब खूब बजाया बैंड,
जब से शादी हुई है, दिखे न कोई राह।

बीबी-बच्चे साथ में, जान गया भूगोल,
पैसे की ही हर समय, उन सबकी नित चाह।

पन्द्रह दिन में पर्स भी, खाली होता यार,
कर्जे की पतवार से, पूरा होता माह।

सैंडविच पिज्जा-सा बना, बीबी-बच्चों बीच,
दो पाटों के मध्य में, दिखती 'अखिल न राह।।

बन्धन प्यार का

प्रेम एक बन्धन अजब, जिसकी पक्की डोर।
जड़, चेतन, ईश्वर स्वयं बँधे हुए हर ओर।

जब तुम डोली पर चढ़ी, बारिश थी घनघोर,
तब आँसू इस ओर थे, आँसू थे उस ओर।

भीगी पलकें थीं तभी, भीगे थे तब गाल,
मूक नयन थे बोलते, मन-मानस में शोर।

लोग जश्न में मस्त थे, आई थी बारात,
हम-तुम दोनों शान्त थे, जिसका ओर न छोर।

व्यथा-कथा[1] किससे कहूँ, सभी आज हैं मौन,
मेरा दिल वह ले गया, आया था इक चोर।

आकुल[2] मन है डोलता, कहीं न मिलता चैन,
मेरी वह राधा 'अखिल' मैं उसका चितचोर।।

विशेष- 1. व्यथा कथा-दुख भरी कहानी, 2. आकुल-परेशान

कर्म ही जीवन है

जीवन के संग्राम में, मत हो कभी निराश।
कर्म सदा करते रहो, पूरी होगी आस।

समय चक्र चलता सदा, निशिदिन आठो याम,
रात-दिवस सुख-दुख यहाँ, जीवन का अहसास।

कनक, कामिनी, सम्पदा भौतिकता या मोह,
सच्चा सुख सन्तोष है, जिसमें है मधुमास।

प्रेम, दया, सन्तोष, शुचि, नित साहस, सम्मान,
जीवन में पालन करो, जब तक चलती श्वास।

उनके आँसू पोंछिए, जो बेबस लाचार,
दीन दुखी का मत कभी, 'अखिल' करो उपहास।।

वर्षा मेरी प्रिय सखी

वर्षा मेरी प्रिय सखी, ले जाओ सन्देश।
प्रियतम से कहना यही, प्राणमात्र हैं शेष।

दिन घूँघट ओढ़े खड़ा, दिखता है बेचैन,
आतुर वर्षा-मिलन को, बदल लिया है भेष।

नभ मधुवन, शशि-श्याम है, दुग्ध धवल परिवेश,
तारावलियाँ गोपियाँ, होता रास विशेष।

फसलें बोई जा रहीं, खेत-खेत खलिहान,
वर्षा ने खोले स्वयं, काले-भूरे केश।

हरियाली है आ गई, भीगी है हर डाल,
अमृत वर्षा कर रहे, ब्रह्मा, विष्णु, महेश।

वर्षा ऋतु है सुन्दरी, बहता मन्द समीर,
रोम-रोम है दहकता, मेरे प्रिय परदेश।

अरी सखी! देखो जरा, मेघ चढ़े आकाश,
व्यथा कथा प्रिय से 'अखिल' कहना मम सन्देश।।

जीवन : एक तमाशा

उफ! उल्टा सीधा पासा है।
यह जीवन एक तमाशा है।

गुमसुम बच्चे कहीं खड़े हैं,
आँखों में घोर निराशा है।

जिसको देखो भाग रहा है।
हर स्वप्न स्वयं में झांसा है।

शान्ति नहीं सन्तोष भी गायब,
हाँ, धन तो अच्छा-खासा है।

आज चतुर्दिक है बेकारी,
बस दिखती घोर हताशा है।

मन, इन्द्रिय का जाल भयंकर,
नित मीठा एक बताशा है।

सत्य मार्ग पर 'अखिल' जो चलते,
पग-पग पर पावन आशा है।।

यह कैसी होली?

दिल में नफरत हमने घोली।
कैसे खेलें अब हम होली?

चमचा नेता या अधिकारी,
रिश्वत की प्यारी रंगोली।

अन्धी नगरी चौपट राजा,
करते आज सभी घटतौली।

गुमसुम बच्चे आज खड़े हैं।
देखो सूरत कितनी भोली।

झूम रही मदहोश जवानी,
लाज हया की उठती डोली।

कलियुग के ये रिश्ते-नाते,
फैलाए सब अपनी झोली।

कोचिंग, ट्यूशन नित मक्कारी,
शिक्षा लगती पोली पोली।

मदिरा पीकर खूब उछलते,
झूम रही है उनकी टोली।

शोषण होता नारी तन का,
यौवन की नित लगती बोली।

रोग, शोक, दुख, दर्द कहानी,
निर्धनता उनकी हमजोली।

त्योहारों में भी आज 'अखिल'
फीकी लगती हँसी ठिठोली।।

कैसी आई यह दीवाली?

दिन भी काला रातें काली।
कैसी आई यह दीवाली?

निर्धन बस्ती घना अँधेरा,
दीवाली की रक्तिम थाली।

बच्चे चाटे जूठे दोने,
उनकी किस्मत हरदम खाली।

नेता-अफसर की क्या जोड़ी,
लूट रहे जब ख़ुद ही माली।

धन पशु गद्दों पर हैं सोते,
छलक रही मदिरा की प्याली।

सब धर्मों में खेमे बाजी,
धर्म बना इन्सानी गाली।

आज चतुर्दिक है मक्कारी,
मक्खनबाजी और दलाली।।

झूम रही मजबूर जवानी,
जिये शराब गिरा है नाली।

जनता ज्वाला 'अखिल' जलेगी,
होगी क्रान्ति बजेगी ताली।।

उल्टी गंगा

काठ की हाँडी चढ़ाते जा रहे हैं लोग।
उलटी गंगा ही बहाते जा रहे हैं लोग।

वायदा करना समझते हैं वे अपनी शान,
रेत में भी गुल खिलाते जा रहे हैं लोग।

यूँ तो उनकी बात होती है शहद-सी मीठी,
पीठ पीछे छुरा चलाते जा रहे हैं लोग।

अब असल में है नहीं क्यों आदमी का खून,
रक्त में क्या-क्या मिलाते जा रहे हैं लोग।

हाशिए में हैं 'अखिल' रणबाँकुरों की सीख,
अपने ही किस्से सुनाते जा रहे हैं लोग।।

अद्‌भुत अफसाना

बेगानी शादी में मुल्ला दीवाना है।
सबका इस दुनिया में अद्‌भुत अफसाना है।

ओढ़ हँसी ली उनने पर अन्दर से रोते,
केंचुल में ही उन सबका ताना-बाना है।

दिखते रहते हो क्यों हरदम मुरझाए से
सुख-दुख, रात-दिवस यह सब आना जाना है।

बदलाव हवा प्रतिपल प्रकृति में बहती रहती
कुछ भी नहीं है निश्चित न ही ठौर-ठिकाना है।

धन पाकर भी वे तो हरदम रोते रहते
किन्तु 'अखिल' का मस्ती से अद्‌भुत याराना है।।

प्यारा अहसास

हृदय धरातल तप रहा, तपती मेरी श्वास।
कौन दिलाएगा मुझे, वह प्यारा अहसास।

सूना मेरा है महल, सूनी मेरी रैन,
स्वप्न सभी गायब हुए, बीत गया मधुमास।

वह क्षण, वह मधुमय मिलन आती तेरी याद,
याद तुम्हारा रूठना फिर करना उपहास।

मेरे मन की मेनका, गई मुझी को छोड़,
छोड़ा क्यों मुझको बता, तू थी जीवन आस।

प्रेम नदी सूखी हुई, दिखती केवल रेत,।
पागल बन मैं घूमता, कैसी है यह प्यास।

तुमने धोखा है दिया, उचित नहीं यह कर्म
अब भी आती याद है, जब होता था रास।

गले मिली थी जिस दिवस, महकी थी हर श्वास,
नहीं भूलता अब 'अखिल' वह प्यारा अहसास।।

अपना-अपना राग

घर दूसरों के आज जलाने लगे हैं लोग,
अपना ही खानदान बढ़ाने लगे हैं लोग।

टुकड़ों में आदमी को बाँटा जा रहा है आज,
चाहत का जनाजा ही उठाने लगे हैं लोग।

दे रहे हैं बस हर तरफ उन्माद का पैग़ाम,
राग अपना कमोबेश सुनाने लगे हैं लोग।

करता है अट्टहास रक्तबीज हो बेखौफ,
देवत्व भाव को ही मिटाने लगे हैं लोग।

बस्ती में रूप बदल के आ रहे हैं हैवान,
चादर व फूल उनपे चढ़ाने लगे हैं लोग।

प्रवचन से जाने कैसा ज्ञान बाँटते हैं सन्त,
निज संस्कृति का मान घटाने लगे हैं लोग।

दुनिया में 'अखिल' कौन किसे देता है सम्मान,
आईना बुजुर्गों को दिखाने लगे हैं लोग।।

सब कुछ बिकता है

आज सभी कुछ है बिकता, देखो अब बाज़ार में।
ज़िस्म यहाँ पर है सजता, देखो अब बाज़ार में।

बाँधे हाथ खड़े हैं वे पैसे की आवाज़ से
खून-पसीना अब बिकता देखो अब बाज़ार में।

काई, फिसलन और फफूँदी दिखती अब तो रेत में।
रिश्वत और घोटाला मिलता देखो अब बाज़ार में।

रिश्ते-नाते सम्बन्धी मिलते हैं यहाँ सभी
ऊपर से वह अपना दिखता देखो अब बाज़ार में।

हाथी, घोड़ा, चीता, भालू अब दिखते यहाँ नहीं
आज मुखौटा ही दिखता देखो अब बाज़ार में।

मन्दिर, मस्जिद, गुरुद्वारा देते हैं सन्देश एक ही
हिन्दू-मुस्लिम नारा मिलता देखो अब बाज़ार में।

चमचागिरी और दलाली रूप बदलते यहाँ 'अखिल'
नैतिक मूल्य पराजित दिखते देखो अब बाज़ार में।।

अब करें किस पर भरोसा?

फूल खिलते हैं चमन में, प्यार क्यों दिखता नहीं?
लोग मिलते हैं मगर क्यों, दिल यहाँ मिलता नहीं?

बाप-बेटे-भाई सबसे बढ़ रही हैं दूरियाँ,
अब करें किस पर भरोसा मोतबर[1] दिखता नहीं।

भीड़ में भी हर कोई तनहा नज़र आता यहाँ,
भागते ही जा रहे सब कोई क्यों, चलता नहीं।

धर्म की करने लगे हैं , दैत्य जब से पैरवी,
फल रही हैं नफ़रतें, ज़ुल्मों-सितम घटता नहीं

ज़िन्दगी में इतने धोखे हमने खाए हैं 'अखिल',
पहले लगता था बुरा पर अब बुरा लगता नहीं।।

विशेष-1.मोतबर- विश्वसनीय

तुम्हारी मीरा

आ गए हो पास लेकिन दूर कितना तुम हुए,
छा गए साँसों में पर मग़रूर[1] कितना तुम हुए।

ज़िन्दगी भर प्यास मेरी रेत-सी सूखी रही,
चाहती कितना तुम्हें थी क्रूर कितना तुम हुए।

भाप बनकर कितने वादे हैं तुम्हारे उड़ गए,
प्यार की नदिया है सूखी, दूर कितना तुम हुए।

दूसरे की आड़ में मुझको भुलाया क्यों सदा,
मैं दिवानी बन गई पर क्रूर कितना तुम हुए।

दूसरे की बाँह में सब कुछ लुटाते तुम रहे,
तुम चमकते स्वर्ण सम थे घूर[2] कितना तुम हुए।

मैं सदा मीरा तुम्हारी हूँ 'अखिल' पर क्या करूँ,
ख़ुद रहे मदमस्त इतना, चूर कितना तुम हुए?

विशेष : 1.मगरूर-अहंकारी, 2.घूर- गन्दगी का ढेर

दुनियादारी

यारो! कैसी यह लाचारी?
दुनिया में बस दुनियादारी।

धन के पीछे सब हैं पागल,
कैसी अद्भुत यह बीमारी!

दोस्त कहाँ अब दोस्त रहे हैं,
यारी अब तो है मक्कारी।

महँगाई ने हमको मारा,
पनप रही है चोरबज़ारी।

झूम रहे वे सत्ता पाकर,
भूल गए सब ज़िम्मेदारी।

सब फ़ैशन के हौज़ में नंगे,
शर्म-हया को गोली मारी।

रिश्तों में अब सिर्फ़ दिखावा,
शेष नहीं अब रिश्तेदारी।

बूढ़ी अम्मी, बूढ़े अब्बा,
जिनके दिल पर पत्थर भारी।

आज 'अखिल' मैं अब क्या बोलूँ,
दिखती केवल दुनियादारी।।

आदमी बनाम गिरगिट

ज़िन्दगी सागर है इक, मैं नाव बन बहता रहा।
कौन मेरा है खिवैया, सोचकर डरता रहा।।

जिसको मैंने अपना माना, धोखा मुझको दे गया,
रिश्ते इतने खोखले क्यों, मैं सदा मरता रहा।

आदमी के रंग से गिरगिट भी देखो चौंकते,
कब कहाँ पाला बदल लें, मैं सदा डरता रहा।

स्वार्थ तो पर्वत सरीखा, आज सबको दीखता,
कौन अपना अब यहाँ है, स्वयं सब सहता रहा।

दुनियादारी ने सिखाए हैं मुझे वो फ़न 'अखिल'
पाँव में छाले पड़े हैं किन्तु मैं चलता रहा।।

मकड़ी का जाल

ज़िन्दगी अब हो गई दुश्वार है।
चल रही आपस में ही तलवार है।

जाल मकड़ी-सा बनाकर आदमी,
ख़ुद फँसा बेबस हुआ लाचार है।

वह पड़ोसी भूख में तड़पा किया,
ख़ूब मेरे घर मना त्योहार है।

झोपड़ी पर आज फिर कब्जा हुआ,
माफ़िया की ही बनी सरकार है।

प्याज़ के छिलके सरीखा आदमी,
इस जहाँ में कौन किसका यार है।

भावना कलुषित हुई सबकी यहाँ
हर जगह होता यहाँ व्यापार है।

कौन किसको देखता है आजकल,
अपने-अपने स्वार्थ का संसार है।

जिसको मैंने दोस्त माना था कभी,
आज वह सबसे बड़ा मक्कार है।

किस जगह पर पैर मैं रखूँ 'अखिल'
हर जगह दिखता मुझे मझधार है।।

झूठे वादे

बोलती तुम हो बहुत पर प्यार करती क्यों नहीं,
झूठे वादे लाख करतीं साथ चलती क्यों नहीं?

दिल किसी का तोड़ना भी तो सरासर पाप है,
फिर बताओ तुम ख़ुदा से आज डरती क्यों नहीं?

प्यार का दरिया बहाकर मुझको बेकल कर दिया,
है मुझे तुमसे शिकायत मेरी बनती क्यों नहीं?

प्यार का दीपक जगाए राह तकता रह गया,
ऐ प्रिये! तुम मेरी जानिब फिर भी बढ़ती क्यों नहीं?

ज़िन्दगी गुलज़ार थी मेरी भी तो इक दिन 'अखिल',
आज बगिया में मेरी चिड़ियाँ चहकती क्यों नहीं?

अमावस का पेड़

अब हृदय के पट को फिर से खोलना है।
आदमी को आदमी से जोड़ना है।

रक्त सबका लाल है फिर भेद कैसा,
द्वेष की दीवार को अब तोड़ना है।

खून से लिखा गया इतिहास अब तो
वहशियत के घट को यारों फोड़ना है।

सूर्य की आँखें भी जाने लाल हैं क्यों,
अब सभी के दिल को फिर झकझोड़ना है।

झोपड़ी अब इस तरह सुनसान क्यों हैं?
पापियों के मुँह पे कालिख पोतना है।

एशियाई सभ्यता की लाज रखने,
अब विदेशी सभ्यता को छोड़ना है।

राष्ट्र के नभ में हैं बगुले उड़ रहे क्यों,
नाग के विषदन्त को अब तोड़ना है।

ज़िन्दगी को ज़िन्दगी देना हमेशा
ख़ून के रिश्तों को फिर से जोड़ना है।

क्यों अँधेरा हर तरफ छाया 'अखिल' है,
अब अमावस वृक्ष की जड़ खोदना है।।

दिल के घाव

वह चितवन मनुहार कहाँ है।
प्रेम भरा संसार कहाँ है?

स्वार्थ में सब ही अंधे दिखते,
अब सच्चा व्यवहार कहाँ है?

दोस्त सभी अब मतलब के हैं,
दुर्दिन का अब यार कहाँ है?

ख़ूब बढ़े नित भाईचारा,
ऐसा अब त्योहार कहाँ है?

लोगों में है दिशा हीनता,
जीवन का आधार कहाँ है?

अपना दिल मैं किसको बेचूँ,
ऐसा अब बाज़ार कहाँ है?

दिल में 'अखिल' के घाव हैं ऐसे,
जिनका अब उपचार कहाँ है?

सुनहले ख़्वाब

ख़्वाब सारे वे सुहाने, भूल कैसे पाऊँगा?
चाहे-अनचाहे उसी का गीत मैं तो गाऊँ।।?

हर घड़ी छाया उसी की साथ मेरे चल रही,
चाहता हूँ फिर भी बोलो, दूर कैसे जाऊँगा?

बात मुद्दत की है यारों, दिल से वह हटती नहीं,
किस जगह पर वह कहाँ है, ढूँढ़ कैसे पाऊँगा?

भूल मुझको वह गई है या कि करती याद है,
किन्तु मेरी आज भी वह, ज़ुल्म कैसे ढाऊँगा?

साथ रहकर वादे उसने तो किए थे ऐ 'अखिल',
ख़्वाब मेरी ज़िन्दगी अब दूर कैसे जाऊँगा।।

दुनिया का दस्तूर

ख़ुद से मैं क्यों ख़ुद ही दूर?
मेरा अद्भुत ख़ुद का नूर।

श्वासों की सरगम बजती,
फिर क्यों बढ़ता नित्य ग़ुरूर?

रंग बिरंगी यह दुनिया,
कोई हँसे कोई मजबूर।

तूने मचाया जो उत्पात,
वक्त रहा है तुझको घूर।

पद, पैसा, काया सब कुछ,
होगा इक दिन चकनाचूर।

सबको एक दिन 'अखिल' है मरना,
है इस दुनिया का दस्तूर।।

चमचागिरी

आज है कैसी ये लाचारी?
दिखती है बस दुनियादारी।

मतलब के हैं लोग सभी अब,
भूल गए सब, सच्ची यारी।

रिश्तों में अब ज़ंग लगी है,
आज कहाँ अब नातेदारी?

मुँह पर मीठी मीठी बातें,
पीठ में भोंके किन्तु कटारी।

आज़ादी है सिर्फ़ दिखावा,
देखो भारत की लाचारी।

किस पर हो विश्वास 'अखिल' का,
चारों ओर यहाँ मक्कारी।।

घटती हुई साँस

हर क़दम पर साँस घटती जा रही।
ज़िन्दगी पल-पल गुज़रती जा रही।

जाने क्या पी थी कि पागल हो गया,
मेरी हस्ती ही बदलती जा रही।

जन्म दिन बेशक मनाओ यार तुम,
पर न भूलो उम्र ढलती जा रही।

अपने ही हर बार धोखा दे रहे,
फाँस दिल में रोज़ चुभती जा रही।

मैं तो कीचड़ में गिरा मदहोश हूँ,
और दुनिया मुझ पे हँसती जा रही।

जितनी पीता जा रहा हूँ मय 'अखिल'
प्यास उतनी और बढ़ती जा रही।।

हे! महँगाई

बनकर जैसे सुरसा माई,
आई मुँह फाड़े महँगाई।

आज सभी को लील रही वह,
पल-पल लेती वह जम्हाई।

बिजली जैसी कड़क रही वह,
पड़ती है आवाज़ सुनाई।

ठंडक उससे थर-थर काँपे,
उसने ओढ़ी स्वयं रज़ाई।

आटा, दालें, सब्ज़ी महँगी,
बोलो क्या कर लोगे भाई?

बीवी-बच्चों की फ़रमाइश,
मेरे सिर आफ़त बन आई।

नेता तो अब खातें हैं बस,
काजू, मक्खन और मलाई।

'अखिल' करो अब गुस्सा ठंडा,
हे महँगाई! सुरसा माई।।

नशा बनाम आदमी

ज़िन्दगी बरबाद करता है नशा,
ज़हर नस-नस ही में भरता है नशा।

हो किसी भी रूप में दुश्मन है ये,
प्राण यौवन में ही हरता है नशा।

लौटकर आती न उस घर में खुशी,
निज क़दम जिस घर में धरता है नशा।

है भयानक क़िस्म का यह जानवर,
खेत सारे सुख के चरता है नशा।

आओ, मिलकर इसकी हस्ती दें मिटा,
ठान लें मन में तो मरता है नशा।

देख लेता है 'अखिल' को जिस जगह,
उस जगह आने से डरता है नशा।।

धोखा-ही-धोखा

धोखा तुमने है दिया, पर याद मैं करता रहा,
हैं सितम लाखों अनेकों किन्तु मैं सहता रहा।

बेवफ़ाई की है मुझसे हर क़दम पर आपने,
प्यार के दरिया में लेकिन मैं सदा बहता रहा।

ख़ूबसूरत चाँद यह तो जल्द ही ढल जाएगा,
किन्तु तेरी चाँदनी पर फिर भी मैं मरता रहा।

है तपिश दिल में अनोखी किन्तु मैं किससे कहूँ,
हर क़दम पर हर घड़ी मैं रात-दिन तपता रहा।

या ख़ुदा तू ही बता दे दिल बनाया किसलिए?
प्यार के दीपक में यूँ ही मैं सदा जलता रहा।

अपनी तनहाई का क़िस्सा आज मैं किससे कहूँ
देखकर अपनी ही क़िस्मत ख़ुद ही मैं हँसता रहा।

बचके रहना बाग़ में इन तितलियों से ऐ 'अखिल'
जो ज़रा चूका तो समझो हाथ बस मलता रहा।।

विशेष : 1. सितम-जुल्म, अत्याचार, 2.तनहाई-अकेलापन

लड़कियाँ

ढेर कूड़े का पड़ा, कुछ बीनती हैं लड़कियाँ।
सूनी आँखों से सभी को ताकती हैं लड़कियाँ।

आँख का काजल कभी तो आँख का काँटा हुईं।
हर क़दम पर त्रासदी ही, भोगती हैं लड़कियाँ।

आज फ़ैशन की लहर में इस क़दर ये खो गईं,
लाज की सरहद को भी अब, लाँघती हैं लड़कियाँ।

दिल चुराकर चैन मेरा सब रफ़ूचक्कर किया,
नैन से अद्भुत निशाने साधती हैं लड़कियाँ।

कल वही नीलाम होंगी, इस भरे बाज़ार में,
कुछ बिकेंगी, कुछ मिटेंगी, जानती हैं लड़कियाँ।

आज इक बेटी के संग मुँह बाप ने काला किया,
अब करें किस पर भरोसा, काँपती हैं लड़कियाँ?

भ्रूण-हत्या सिलसिला भी चल पड़ा इस दौर में,
गर्भ में ही ज़िन्दगी अब माँगती हैं लड़कियाँ।

गीत, ग़ज़लों का समन्दर, उनकी आँखों में भरा,
मौन रहकर भी कहानी, बाँचती हैं लड़कियाँ।

प्यार में धोखा उन्होंने ख़ूब खाया है 'अखिल'
फिर भी देखो प्यार सबको, बाँटती हैं लड़कियाँ।।

ज़िन्दगी एक पहेली

हर किसी की ज़िन्दगी उलझी पहेली है।
किन्तु उसकी यह अमानत भी अकेली है।

मर रहा फुटपाथ पर भूखा यहाँ कोई,
पर किसी के पैर में शबनम चमेली है।

लब पे उसके खेलती है मुस्कुराहट जो,
उस तबस्सुम के भी पीछे दर्द झेली है।

कुछ पलों की है ख़ुशी खो जाएगी इक रोज़,
हर क़दम पर ज़िन्दगी अश्कों से खेली है।

सुख में तो हैं ऐ 'अखिल' सब दोस्त ही लेकिन,
दुख में कोई यार कब और कब सहेली है?

विशेष : 1. तबस्सुम—हँसी, मुस्कुराहट

क्यों तू शरमाती है?

क्या-क्या ख़ूब अदाएँ तेरी तू कतराती है।
जब-जब नैन मिले हैं तुझसे तू शरमाती है।

मेरा मन पंछी अब पिंजड़े में क्यों क़ैद हुआ,
कैसे निकले बाहर प्रतिपल प्रीति सताती है।

सारे शोर-शराबे सन्नाटे में बदले हैं,
प्यार की सरगम कानों में नित मुझे सुनाती है।

बाहर ठंड बहुत है लोग रज़ाई में दुबके,
बर्फ़ हमारे दिल की आज पिघलती जाती है।

वह तो मेरी चाँद हुई है और पपीहा मैं,
आस लगाए देख रहा मैं, वह इठलाती है।

कविता, गीत, ग़ज़ल सारे क्यों चुप हैं आज 'अखिल'
प्रतिपल उठती हूक हृदय में जब वह आती है।।

सड़क की लाश

देख जमी अब काई है।
बन्धु! यही सच्चाई है।

ख़ूब महकती थी कल तक,
आज कली कुम्हलाई है।

देख! सड़क पर लाश पड़ी,
किन्तु नहीं सुनवाई है।

चारों तरफ़ है हाल बुरा,
ख़ूब बढ़ी महँगाई है।

प्रेम हुआ मोबाइल सा,
आज मिलन कल खाई है।

प्यार 'अखिल' सब भूल गए,
ग़ैर हुआ अब भाई है।।

प्यारे बादल

देखिए! आकाश में बादल सुहाने छा गए।
पंख सपनों के लगाकर गीत गाने आ गए।

प्रेमी प्रियतम जल रहे थे, जो विरह की आग में,
प्रेम की पाती लिए उनको मिलाने आ गए।।

पेड़, पौधे, पत्तियाँ भी सिर हिलाकर कह रहीं,
धन्य हो तुम आज जो, अमरित पिलाने आ गए।

खूब भीगो, नाचो, कूदो मस्त होकर प्यार से,
बालकों को गोद में अपनी खिलाने आ गए।

प्यार कुदरत का करिश्मा, यह ख़ुदा की देन है,
खूब करिए प्यार सबसे, यह सिखाने आ गए।।

थी धरा आकुल बहुत अति प्रेम रस की प्यास से,
अवनि-अम्बर को मिलाने, वे तो देखो आ गए।।

प्यार होती चीज़ क्या है, स्वप्न होते क्या 'अखिल'
रात-दिन वे हम सभी को यह पढ़ाने आ गए।।

प्यार की कसक

दिलों में क़ैद कर लो बुलबुलों को उड़ वे जाएँगी।
कहीं बिजली गिराएँगी, कहीं पर घर बसाएँगी।

सुनाकर साज़ सरगम का वे क्या-क्या गुल खिलाएँगी,
न जाने कब हँसाएँगी न जाने कब रुलाएँगी।

खिलीं है आज कुछ कलियाँ मगर माली जो आएगा,
जुदा शाखों से कर देगा, तो फिर कब मुस्कराएँगी?,

अभी लाली थी सूरज की, लगा हँसने अँधेरा क्यों,
सम्हालो बाग़ को यारों, बिखर कलियाँ ये जाएँगी।

कसक है प्यार की दिल में मेरे बाक़ी 'अखिल' अब तक,
सुना दूँगा जो हाले-दिल तो वे आँसू बहाएँगी।।

तनहाई बनाम शहनाई

दिख रही हर मोड़ पर हैं, आज बस तनहाइयाँ।
भीड़ तो दिखती हमें है, बज रही शहनाइयाँ।

आपके सम्मुख तो करते, आपकी तारीफ़ वे,
दिल में उनके गन्दगी है, हैं बड़े वे काँइयाँ।।

आज दूषित है हवा, दरिया, जमीं और आसमाँ,
हो रहे हैं साफ जंगल, गुम हुई परछाइयाँ।

भागता है आदमी, चहुँ ओर देखो हर घड़ी,
मिल रहे राहों के काँटे, साँप, बिच्छू, खाइयाँ।

जिससे मैंने की मुहब्बत वो ही धोखा दे गया,
खूबसूरत, मुखड़ों के पीछे छुपी है झाँइयाँ।

दर्द के मारे हमें हर ओर दिखते हैं यहाँ,
ढूँढ़ते हैं ये सुकूँ और प्यार की अमराइयाँ

देश की रक्षा का जिम्मा जिनको सौंपा था 'अखिल'
वे तो निकले हैं मगर, अब काँइया के काँइयाँ।।

प्रकृति का खेल

जब प्रकृति का कोप होगा, तो प्रलय आ जाएगा।
बाग़ में पतझड़ बसेगा, और तिमिर घन छाएगा।

हैं कहीं भूकम्प आते, फूटते ज्वालामुखी,
और कहीं पत्थर बरसते, कौन यह सह पाएगा?

इस जहाँ में सब अनिश्चित,कुछ नहीं निश्चित यहाँ,
आदमीयत मर चुकी, क्या आदमी मर जाएगा?

आस्तिक हों आप चाहे, नास्तिक कितने बड़े,
वक्त आएगा कठिन, तब याद रब ही आएगा।

जो भी आया है जगत में, उसको जाना है 'अखिल'
है प्रकृति का खेल यह तो, नित्य खेला जाएगा।।

रेत के रिश्ते

रिश्तों में अब प्यार नहीं है।
कौन ग़लत अब कौन सही है।

जीवन में बस शेष अँधेरा,
मुख पर बातें सब सतही हैं।

स्वारथ मतलब के सब साये,
दूध बना अब आज दही है।

आपस में ही इतनी दूरी,
रिश्तों की दीवार ढही है।

सागर की लहरों में हलचल,
काँपा अम्बर डोली मही है।

भीड़ बहुत पर हम हैं तनहा।
जाने कौन बयार बही है।

दिल से अब दिल दूर 'अखिल' है,
वह तड़पन मनुहार नहीं है।।

रुनझुन पायल की

पायल की रुनझुन उसकी, तो मुझे बुलाती है।
हम दोनों के सम्बन्धों के गीत सुनाती है।

भौंरों को गुनगुन करते जब फूलों पर देखा,
ऐसा लगा अधरों को वह रसपान कराती है।

दिखते काले बादल उड़ते नभ में जब मुझको,
काली ज़ुल्फ़ों की वह छाया याद आ जाती है।

यत्न किए मैंने कितने ही ऋषि बन जाऊँ मैं,
पर हर बार परी बनकर वो सम्मुख आती है।

कैसे कर लूँ पार 'अखिल' यह नदिया यादों की,
जितना निकलूँ बाहर उतना मुझको डुबाती है।।

कुआँ और खाई

जगह-जगह पर अब है काई।
सबसे बड़ी है यह सच्चाई।

आगे कुआँ है पीछे खाई,
फिसले समझो जान गँवाई।

दहशत से हैं ग्रस्त मछलियाँ,
जल में किसने आग लगाई?

भूख का मारा बीच सड़क पर,
तेरी भी क्या ख़ूब ख़ुदाई?

गाँव में हत्या एक हुई फिर,
हत्यारा ख़ुद उसका भाई।

बस्ती है या कोई जंगल,
जिसको देखो यार क़साई।

भीड़ बड़ी है 'अखिल' जहां में,
फिर आख़िर क्यों यह तनहाई?

श्वान बनाम इन्सान

आदमी को देखिए! अब श्वान टहलाने लगे हैं,
गीत पाखंडी भी अब निज तर्ज़ में गाने लगे हैं।

निज तरक़्क़ी की हुई, यह इन्तिहा अब देखिए तो,
मरघटों तक पर भी हम अधिकार दिखलाने लगे हैं।

कोयलों के गीत मंजुल गुम हुए जाने कहाँ अब,
बेसुरे कौए तराने बाग़ में गाने लगे हैं।

हो गई सुरसरि प्रदूषित आज हैं बेकल भगीरथ,
देवता भी अब यहाँ आने से कतराने लगे हैं।

प्रेम और सद्भाव की बातें करें किससे 'अखिल' हम,
आदमी ही आदमी की जब जड़ें खाने लगे हैं।

विष का प्याला

हर क़दम पर विष का प्याला मैं सदा पीता रहा,
चाहता था मैं तो मरना फिर भी मैं जीता रहा।

जिसने चाहा मेरे दिल को फाड़ा काग़ज़ की तरह,
घूँट कड़वे पी के फिर भी मैं सदा जीता रहा।

रिश्ते-नाते सबने मुझको ख़ूब धोखे हैं दिए,
चाहता था मैं भी बोलूँ किन्तु मुँह सीता रहा।

ज़िन्दगी के अनुभवों को आज तुममें बाँट दूँ,
लगता अच्छा दूर से ही स्वाद पर तीता[1] रहा।

ज़िन्दगी में प्यार मैंने भी किया था ऐ 'अखिल',
किन्तु क़िस्मत है अनोखी प्यार-घट[2] रीता रहा।।

विशेष : 1.तीता-कड़वा, 2.प्यार घट-प्यार का घड़ा, 3.रीता-खाली

ख़ूनी बवंडर

छा रहा ख़ूनी बवंडर, हादसों का शोर है।
रो रही इन्सानियत, तीरा-शबी[1] हर ओर है।

नाशनासा[2] आदमी है, हर शहर, हर गाँव में,
साज़िशों की है पतंगें, नफ़रतों की डोर है।

कुछ पता चलता नहीं किस राह पर है आदमी,
है किधर जाना मगर, ये युग बढ़ा किस ओर है?

पैर से रौंदी गई ज़ज़्बे-मुहब्बत[3] इस तरह,
ढो रहा ख़ुद लाश अपनी, आदमी अब ढोर[4] है।

चाँद, तारे, आसमाँ तक, दुख में हैं डूबे हुए,
क़त्ल है मासूमियत का, वहिशयत[5] का शोर है।

जुल्मतों के रक़्स[6] का ही, अक्स[7] है छाया हुआ,
सामने हैवानियत के जग हुआ कमजोर हैं।

देखने की क्या जरूरत ग़ैर के ऐबो-हुनर[8],
दिल में यदि झाँके 'अखिल' तो ख़ुद लगेगा चोर है।।

विशेष : 1.तीरा-शबी- अँधेरी रात, 2.नाशनासा- अपरिचित, 3.ज़ज़्बे-मुहब्बत-प्यार की भावना, 4.ढोर- जानवर/पशु, 5.वहिशयत-दरिन्दगी, 6.रक़्स-नृत्य, 7. अक्स-परछाईं, प्रतिबिम्ब, 8. ऐबो-हुनर- गुण-दोष

चाँद

चाँद! तुम आओ ज़रा,
मैं अकेला हूँ खड़ा।

मैं था जीना चाहता,
पर पपीहे-सा मरा।

सब हैं धोखा दे गए,
हर क़दम ख़ुद से लड़ा।

बेवफ़ा निकली है वह,
दुख का सागर है भरा।

पैर ज़ख़्मी हो गए,
पीब छालों में भरा।

दो सहारा आके तुम,
मैं अकेला हूँ डरा।

कुछ करो ऐसा 'अखिल'
बाग़ हो सुख का हरा।।

नया ज़माना

आज का बदला ज़माना, आप आकर देखिए।
एक दूजे पर निशाना, आप आकर देखिए।

है दलाली, चालबाजी, दौर रिश्वत का यहाँ,
आदमी का धन कमाना, आप आकर देखिए।

फ़ासले अपनों में देखो, इस क़दर बढ़ते गए,
प्यार का मिटना-मिटाना, आप आकर देखिए।

आज ख़ंजर मारते हैं, दोस्त दुश्मन की तरह,
दोस्ती का यह फ़साना, आप आकर देखिए।

दे रहे उपदेश देखो, काग-बगुले हर जगह,
मज़हबी उनका सिखाना, आप आकर देखिए।

क्या नहीं कुछ बिक रहा है, इस भरे बाज़ार में,
आँख का काजल चुराना, आप आकर देखिए।

आज औरत घूमती है, नग्न सड़कों पर यहाँ,
शील का बिकता ख़ज़ाना, आप आकर देखिए।

लोग पाँसे फेंकते हैं, देश के सम्मान पर,
राष्ट्रभक्तों का तराना, आप आकर देखिए।

ऐ शहीदों! ख़ून जो तुमने बहाया है 'अखिल'
उस शहादत को चिढ़ाना, आप आकर देखिए।।

ख़ून की बोली

ज़िन्दगी के भार से दबता रहा है आदमी।
क्या कहें, कैसे कहें मिटता रहा है आदमी।।

आदमी ही आदमी की राह का रोड़ा बना,
चाहतों की राह से हटता रहा है आदमी?

राहबर[1] के वेश में भी कर रहे वे रहज़नी[2]
हर क़दम, हर मोड़ पर, लुटता रहा है आदमी।

मज़हबी दूकान खोले, लोग हैं बैठे हुए,
रो रही इन्सानियत, बँटता रहा है आदमी।

ख़ून की बोली लगे, इस सभ्यता के दौर में,
आदमीयत मर रही, घुटता रहा है आदमी।

घूमते शैतान क़ातिल वेश में इन्सान के,
लख सियासत क़त्ल की, हँसता रहा है आदमी।

चाँद, तारे, आसमाँ जब फ़र्क़ करते हैं नहीं,
भेद फिर आपस में क्यों, करता रहा है आदमी?

मन्दिर-औ-मस्जिद हैं दोनों इक ख़ुदा ही के मकाँ!
आह! फिर क्यों धर्म हित लड़ता रहा है आदमी।

दुनियादारी जिन्दगी में बोझ लगती है 'अखिल'
रात-दिन घुटता रहा, मरता रहा है आदमी।

विशेष : 1. राहबर - मार्गदर्शक, पथ प्रदर्शक, 2.रहज़नी- लूट

आदमी किस मोड़ पर है?

आदमी जिस मोड़ पर है, क्या उसे अन्दाज़ है?
हक़ झपटता दूसरों का, बन गया वह बाज़ है।

रो रहा, वह सो रहा, मुस्कान बिल्कुल खोखली,
हरकतें हैं कायरों-सी, बन रहा जाँबाज़ है।

जाल मकड़ी-सा बनाकर आदमी उसमें फँसा,
ख़ूब है जकड़ा हुआ पर ख़ुद पे करता नाज़ है।

बाप को घर से निकाला, माँ है खाती ठोकरें,
बेसुरा क्यों हो गया यूँ प्यार का अब साज़ है?

खाना-पीना, हँसना-रोना, क्या यही है ज़िन्दगी?
मौत हर पल दे रही, देखो तुम्हें आवाज़ है।

सुख के लम्हे चन्द दिखते, दुख का सागर बेकराँ[1],
भीड़ में तन्हा 'अखिल' हूँ, दिल का टूटा साज़ है।।

विशेष : 1. बेकराँ - असीम, अनन्त

दर्द का अहसास

ज़िन्दगी को ज़िन्दगी के पास होना चाहिए।
हर सफ़र में हर घड़ी उल्लास होना चाहिए।

राह में काँटे कभी तो, फूल भी मिल जाएँगे,
ज़िन्दगी में यह सदा विश्वास होना चाहिए।

सूनी आँखें दिल भी सूना, मज़हबों के नाम,
प्यार के तारों भरा आकाश होना चाहिए।

हिन्दू, मुस्लिम, सिक्ख, इसाई हैं सभी इन्सान ही,
आपसी सौहार्द का, मधुमास होना चाहिए।

हम सभी दुश्मन बने हैं आज अपने ही लिए,
दोस्ती का दिल में कुछ आभास होना चाहिए।

ज़िन्दगी तब ज़िन्दगी के पास आएगी 'अखिल'
हर किसी के दर्द का अहसास होना चाहिए।।

आओ हम इन्सान बनाएँ

गीत ग़ज़ल सब मिल कर गाएँ।
आओ हम इन्सान बनाएँ।।

हम ही ऊँचे और हैं छोटे,
मन में भाव कभी मत लाएँ।

भूले-भटके बहुत दिनों तक,
आओ हम घर-द्वार सजाएँ।

दुख-सुख में हों सबके शामिल,
आपस में हम हाथ बटाएँ।

हिन्दू-मुस्लिम एक सभी हैं,
मिल कर होली-ईद मनाएँ।

कहता धर्म 'अखिल' है सबसे,
सबसे हँसकर प्यार जताएँ।।

परिवर्तन की पुकार

आदमी को आदमी के काम आना चाहिए।
कष्ट सहकर भी उसे नित मुस्कुराना चाहिए।

हर तरफ उसकी ख़ुदाई का है जलवा देखिए,
गीत उसके ही हमें हर रोज़ गाना चाहिए।

रोते-रोते यह सफ़र हर्गिज़ नहीं कट पाएगा,
जब कभी मौक़ा मिले, हँसना हँसाना चाहिए।

बँट चुके हैं, बिक चुके हम मज़हबों के नाम पर,
आपसी सौहार्द का अद्‌भुत तराना चाहिए।

आपसी कटुता जगत में आज बढ़ती जा रही,
प्यार की गंगा हमें प्रतिपल बहाना चाहिए।

रिश्ते रिसते जा रहे हैं आज फोड़े की तरह,
ज़िन्दगी है मुख़्तसर[1] रिश्ते निभाना चाहिए।

फूल होंगे, शूल होंगे ज़िन्दगी के बाग़ में,
प्यार, शुचि विश्वास का प्यारा ठिकाना चाहिए।

हम जहाँ में आए हैं सबकी भलाई के लिए,
फ़र्ज़ हम सबको 'अखिल' अपना निभाना चाहिए।।

विशेष : मुख़्तसर-बहुत छोटी

जरा सोचिए

बुझ गए दीपक का क्या अब तीरगी[1] में काम है?
है वही अल्लाह, जीसस और वही तो राम है।

था अरे! कुछ देर पहले सुबह का सूरज उगा,
फिर भला कैसे लगी ढलने अभी से शाम है?

ज़िन्दगी की रेत में तलवे भी अब जलने लगे,
स्वप्न भी उलझे हुए हैं और उलझा चाम[2] है।

है शिकारी जाल लेकर हर क़दम, हर मोड़ पर,
दे रहा अब बाज़ देखो शान्ति का पैग़ाम[3] है।

ज़िन्दगी है जब तलक तुम काम नित करना 'अखिल'
बाद मरने के तो फिर आराम-ही-आराम है।।

विशेष : 1.तीरगी-अंधेरा, 2.चाम-खाल, चमड़ा, 3.पैग़ाम-सन्देश

क्या किया है आपने?

आज तक अमृत-ज़हर क्या-क्या पिया है आपने?
इस जगत से क्या लिया, क्या-क्या दिया है आपने?

साँस स्वाहा हो रही नित स्वार्थ के इस यज्ञ में,
किस तरह का आचमन अब तक किया है आपने?

करते शोषण ही रहे हैं इस चमन का आप तो,
ख़ार ही बस ख़ार अब तक क्यों दिया है आपने?

बीवी-बच्चों के लिए तो आपने सजदे[1] किए,
पर अनाथों के लिए क्या-क्या किया है आपने?

खाना-पीना, सोना-रोना, क्या यही है ज़िन्दगी,
ज़िन्दगी को अब तलक, कैसे जिया है आपने?

हर क़दम पर स्वार्थवश बस शोर ही करते रहे,
क्या 'अखिल' औरों के हित भी कुछ किया है आपने?

विशेष : 1. सजदा-माथा टेकना

पहचान

ख़ुद से मैं अनजान हूँ।
बर्फ़ की चट्टान हूँ।

हार है मेरा नसीब
घर में ख़ुद मेहमान हूँ

आज बंजर भूमि का,
मैं तो सूखा धान हूँ।

जिसको दीमक खा गए,
खोखला दीवान हूँ।

एक बूढ़े की तरह,
मैं तो झूठी शान हूँ।

मैं अमावस में 'अखिल',
चाँद की पहचान हूँ।।

ज़िन्दगी का लक्ष्य

आदमी की ज़िन्दगी को नौजवानी चाहिए।
प्यार और उल्लास की सरिता बहानी चाहिए।

ढह रहा क्यों इस तरह अब आदमीयत का मकां,
हर तरफ़ मुस्कान छिटके रंग धानी चाहिए।

ख़ून के सैलाब में डूबा हुआ है हर बशर[1],
ज़िन्दगी को आज फिर से ज़िन्दगानी चाहिए।

नौजवानी आज क्यों है रो रही बदहाल हो,
जोश का संचार होवे, वह रवानी[2] चाहिए।

आओ कवियों शायरों मिल बैठ हम ऐसा कहें,
गीत ग़ज़लें प्यार की कविता सुनानी चाहिए।

ज़िन्दगी के लक्ष्य को नित ध्यान में रखकर 'अखिल'
प्राणियों में प्यार की ख़ुशबू लुटानी चाहिए।।

विशेष : 1. बशर - व्यक्ति 2. रवानी - प्रवाह

पैग़ाम

इस समूचे विश्व को मेरा यही पैग़ाम[1] है।
ईश ही जीसस, ख़ुदा, रब, गॉड, नानक, राम है।

यदि ख़ुदा भी भेद करता, ख़ून भी होता जुदा,
किन्तु सब हैं एक जैसे, एक जैसा चाम है।

सूनी आँखें, दिल क्यों सूना, धर्म के ही नाम पर,
याद रख जो है सवेरा, होगी कल वह शाम है।

चार दिन की ज़िन्दगी है, सब धरा रह जाएगा।
करके फिर घपले-घोटाले क्यों हुआ बदनाम है।

यह जगत क्या है गगन क्या और तू है चीज़ क्या,
यूँ समझ ले जग है मिथ्या, सत्य बस इक राम है।

धर्म के जो नाम पर सबको लड़ाते हैं 'अखिल'
पूछिए जाकर उन्हीं से, धर्म का क्या काम है?

विशेष : 1. पैग़ाम-सन्देआत्म-परिचय